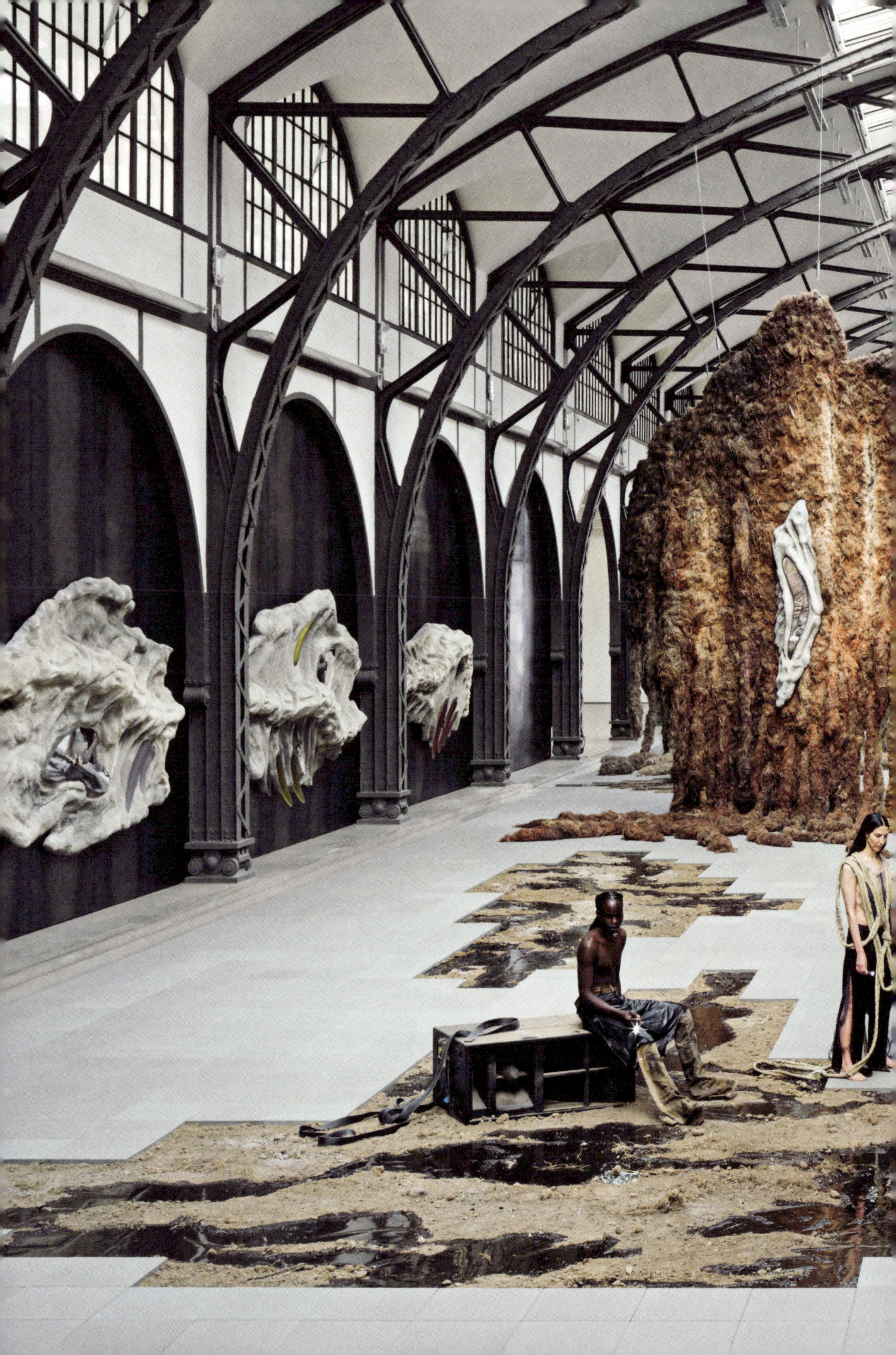

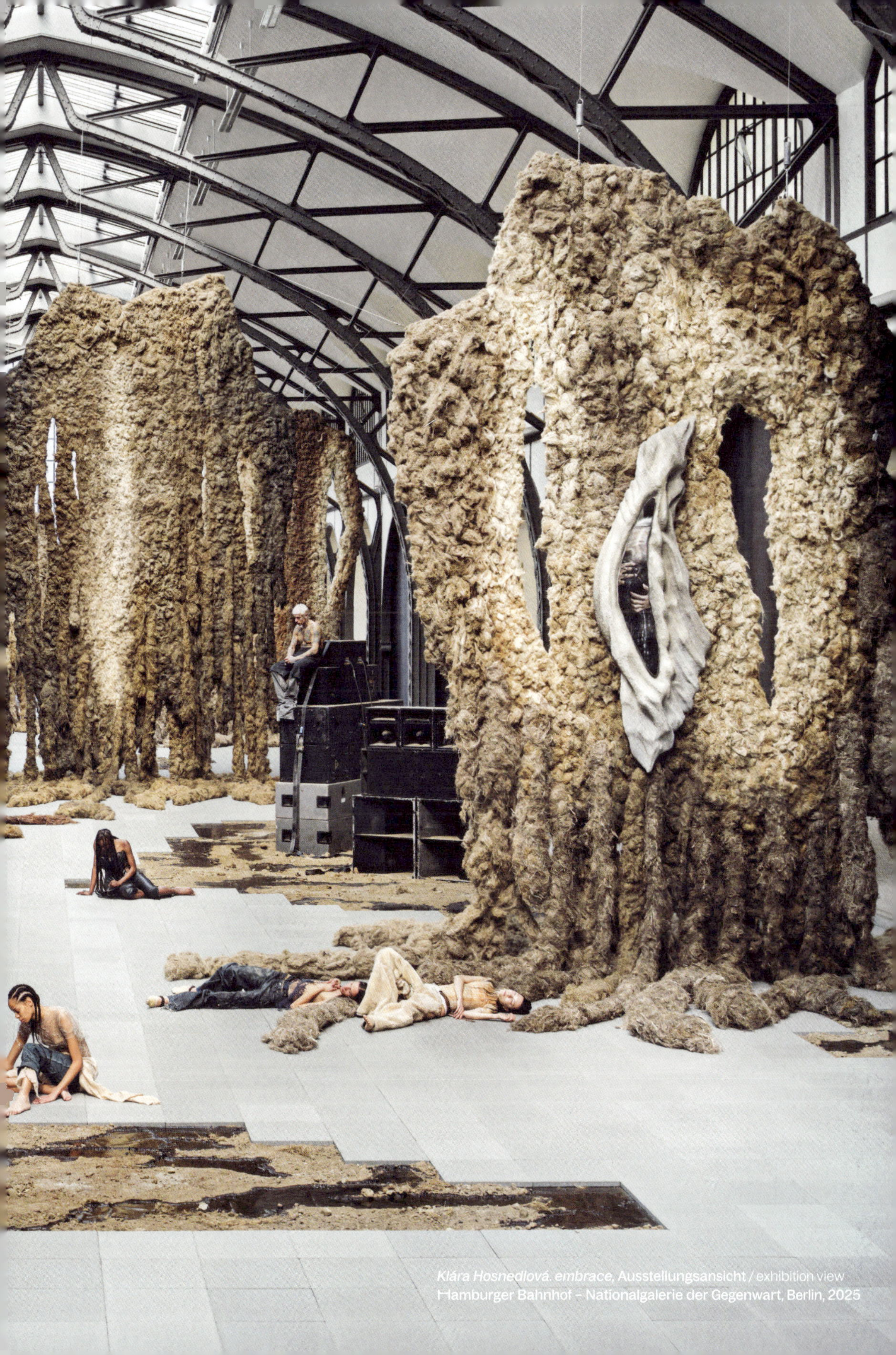

Klára Hosnedlová. embrace, Ausstellungsansicht / exhibition view
Hamburger Bahnhof – Nationalgalerie der Gegenwart, Berlin, 2025

11

Klára Hosnedlová

embrace

Nationalgalerie der Gegenwart

Hamburger Bahnhof

Für die / For the Nationalgalerie – Staatliche Museen zu Berlin herausgegeben von / edited by Sam Bardaouil & Till Fellrath

SilvanaEditoriale

Nationalgalerie
Staatliche Museen zu Berlin

Inhalt / Content

Vorwort / Foreword

Yana Peel
Global Head of Arts and Culture,
CHANEL

Wenn Sie im Herzen des Hamburger Bahnhof – Nationalgalerie der Gegenwart in der Installation *embrace* von Klára Hosnedlová stehen, begegnen Sie dem Erhabenen – jener bewegenden Verbindung von Schönheit und Intensität, wie sie Edmund Burke bereits vor Jahrhunderten beschrieb. Die monumentale Installation, fast zehn Meter hoch und auf 2.500 Quadratmetern inszeniert, markiert die erste CHANEL Commission und ist am Schnittpunkt zwischen Geschichte und grenzenlosen Zukunftsmöglichkeiten angesiedelt.

In einer Stadt – und Institution – die für Widerstandskraft und Erneuerung steht, präsentiert Hosnedlová ihre bislang ambitionierteste und umfangreichste skulpturale Arbeit. Sie erschafft eine fließende Landschaft, in der Handwerk und Industrie, Vergangenheit und Gegenwart nahtlos ineinander übergehen. Ihre Materialien – Flachsfasern, Gussglas, Sandstein, Ton, Eisen und Betonplatten – fungieren als Träger vielschichtiger Erzählungen, inspiriert von der ländlichen Topografie ihrer tschechischen Heimat, wo die Künstlerin 1990 geboren wurde. Die Installation haucht dem kulturellen Gedächtnis neues Leben ein – mit

To stand within Klára Hosnedlová's *embrace* at the heart of Hamburger Bahnhof – Nationalgalerie der Gegenwart, is to be confronted with the sublime – that thrilling collision of beauty and intensity defined by Edmund Burke centuries ago. Towering nearly ten meters high across a 2,500-square-meter space, the monumental installation for the inaugural CHANEL Commission is set at the crossroads of history and boundless future possibilities.

In a city – and at an institution – synonymous with resilience and reinvention, Hosnedlová offers her most ambitious and expansive sculptural installation to date. She constructs a fluid landscape that melds the artisanal and industrial, the past and the present. Her materials – flax fibres, cast glass, sandstone, clay, iron and concrete slabs – serve as conduits for storytelling, evoking the rural topography of today's

Verweisen auf Architektur, Film und Literatur aus der Heimat der Künstlerin und bestickten Motiven, die aus performativen Interventionen in Berlin hervorgegangen sind. Das daraus entstehende Umfeld wirkt zugleich fragil und überwältigend. *embrace* ist eine intime Erkundung von Heimat und Zugehörigkeit – und gleichwohl ein kraftvolles Echo auf die europäische Gegenwart.

CHANEL würdigt Klára Hosnedlová und ihr eindrucksvolles Werk und bekennt sich damit zum kreativen Schaffen und zur Freiheit künstlerischen Ausdrucks. Es entspricht der Bestimmung des CHANEL Culture Fund solcherart Institutionen zu unterstützen, die Ideen verwirklichen, um unsere kulturelle Landschaft zu bereichern. Die mehrjährige Partnerschaft mit dem Hamburger Bahnhof ist ein zentraler Bestandteil dieses Engagements und eröffnet Künstler*innen eine Plattform für groß angelegte, visionäre Projekte. Die Kooperation setzt neue Maßstäbe für künstlerische Auftragsarbeiten und hinterfragt etablierte Konventionen – im Einklang mit der zukunftsorientierten Leitung durch Sam Bardaouil und Till Fellrath. Mit der Transformation der ikonischen Museumshalle in eine immersive, zum Nachdenken anregende Arena eröffnet die CHANEL Commission Künstler*innen neue Wege, um Kunst im Raum wagemutig zu denken.

In diesem Frühjahr lädt uns der Hamburger Bahnhof dazu ein, Klára Hosnedlovás utopische Landschaft zu betreten, uns auf die Erzählungen einzulassen, die sich durch jedes Element der Installation ziehen, und uns den komplexen Fragen von Heimat und Identität zu stellen, denen sie so eindrucksvoll nachgeht. Ihr Werk spornt uns an, persönliche und kollektive Erinnerungen zu reflektieren. Jene Erinnerungen, die prägen und dazu anregen, unsere Rolle im vielschichtigen Gefüge von Gesellschaft und Geschichte neu zu überdenken. Möge *embrace* uns ermutigen, die Welt mit offenem Blicke zu sehen und unseren Platz in ihr schöpferisch zu definieren. Nicht zuletzt, um die Schönheit und Komplexität der gemeinsamen menschlichen Erfahrung zu feiern.

Czech Republic, where the artist was born in 1990. The installation breathes life into cultural memory, referencing the architecture, films and novels of her native home, and incorporating embroidered motifs inspired by performative interventions across Berlin. The resulting environment is both subtle and immense. A seemingly intimate exploration of home and belonging, *embrace* also speaks to Europe's present.

CHANEL celebrates Klára Hosnedlová and her astonishing work, and in doing so champions the ambitions of artists and their freedom of creation. The CHANEL Culture Fund is honoured to help empower institutions to accelerate the ideas that advance culture. And the multi-year alliance with Hamburger Bahnhof is an important part of that work, providing a new platform for artists to realise their large-scale, ambitious projects. The partnership sets a new benchmark for commissions, and challenges conventions with its scope and vision, so well aligned with the institution's new leadership under Sam Bardaouil and Till Fellrath. By transforming the museum's iconic hall into an immersive, thought-provoking arena, CHANEL Commission allows the most daring creatives to reimagine the possibilities of art in space.

At Hamburger Bahnhof this spring, we are invited to step into Hosnedlová's utopian landscape, to embrace the narratives woven through each piece and to engage with the complexities of a homeland and identity that she so eloquently explores. Her work prompts us to reflect on the personal and shared memories that define us and to consider the roles we play within the broader tapestry of history and society. May *embrace* inspire us to see the world anew, challenge us to reimagine our places within it and celebrate the beauty and complexity of our shared human experience.

Zwischen *bohyně* und Brutalismus / Between *bohyně* and Brutalism

Anna-Catharina Gebbers

„Die Liebe beginnt nicht mit einem dramatischen Ereignis, sondern entfaltet sich mit der Zeit. Sie ist keine Epiphanie, sondern ein Prozess. Und sie entwickelt sich zu einer existenziellen Situation.“[1]

Zottelige Giganten wie aus einer anderen Welt bevölkern die Historische Halle im Hamburger Bahnhof. Die ausufernden, grob aus Flachs und Hanf gewebten und mit Pflanzenfarben blau-grau und rot-braun gefärbten Tapisserien füllen den Raum von den Eisenträgern

'Love does not begin with a dramatic event; it unfolds over time. It is a process, not an epiphany. And it evolves into an existential situation.'[1]

Like creatures from some other world, shaggy giants are inhabiting the historic hall of Hamburger Bahnhof. These abundant tapestries, coarsely woven from flax and hemp tinted blue-grey and reddish brown with vegetable dyes, fill the space between the floor and the iron girders of the ceiling construction. Embedded in their sculptural bodies are embroideries that present detailed, fragmented images – perhaps offering insights? Body parts and hands holding tools are among the identifiable elements in these hyper-realistic figural depictions.

unter der Decke bis zum Boden. In ihren skulpturalen Körpern tragen sie gestickte Bilder, die Details, Ausschnitte, vielleicht Einblicke zeigen. Zu erkennen sind hyperrealistische figurative Repräsentationen von Körperteilen und Werkzeuge haltenden Händen.

Im Herzen des Museums breitet sich ein Gewebe aus Bezügen zu verschiedenen Welten, zu Bekanntem wie Unbekanntem, als eine womöglich zukünftige Landschaft aus. Die Stickbilder finden sich ebenfalls in Wandelementen, die die Tapisserien einhegen: Mal hängen sie frei an zerkratzten, wie von den vielen Baustellen rings um den Hamburger Bahnhof stammenden Metallpaneelen. Mal sind sie eingebettet in fossilienartige Formen aus Sandstein, die aus dem nahegelegenen Naturkundemuseum entliehen sein könnten. Zwischen den monumentalen Tapisserien türmen sich Lautsprecherboxen, aus denen eine Soundkomposition in die Halle strömt. Der Boden ist mit Gehwegplatten aus Beton bedeckt, die von Pfützen und Schlamm durchzogen sind. Und auf diese Platten lädt Klára Hosnedlová die Besucher*innen ein, zu einem mäandernden Spaziergang durch ihre Installation *embrace* und zu einer suggestiven Weltenwanderung in eine spekulative Zukunft aufzubrechen.

Dafür setzt Klára Hosnedlová an historischen geografischen, kulturellen und imaginären Landschaften an, deren Fragmente sie in ihr eigenes Landschaftsbild einarbeitet und deren verschiedene Erzählungen sie sich überlagern lässt: Die räumliche Komposition verbindet ortsspezifisch die Architekturelemente, Gegebenheiten und Geschichten des Ausstellungsraumes mit den als Kunst im öffentlichen Raum überall in Berlin installierten Brunnenanlagen, mit Berliner Techno-Clubs und den historischen Regionen Böhmen und Mähren im heutigen Grenzgebiet zwischen Tschechien und der Slowakei.

Die biomorphen Tapisserien etwa führen zur Jahrhunderte alten Tradition des Anbaus und der Verarbeitung von Flachs und Hanf im

1 Eva Illouz, *Explosive Moderne,* Frankfurt a.M.: Suhrkamp, 2024, S. 336.

At the heart of the museum, references to different worlds, to the known and the unknown, are spun into an intricate web and laid out as a possibly futuristic landscape. Embroidered images are also inset into the wall elements that enclose the tapestries: some hang freely on scratched metal panels that recall the many construction sites around Hamburger Bahnhof; others are embedded in fossil-like sandstone forms that could have been borrowed from the nearby natural history museum. Between the monumental tapestries, stacked loudspeakers project a sound composition into the hall. The floor is covered with concrete paving slabs that are streaked with puddles and dirt. Klára Hosnedlová invites viewers to walk over these slabs as they meander through her installation *embrace* and embark on an evocative journey into the world of a speculative future.

To this end, Klára Hosnedlová has incorporated fragments of historical geographical, cultural and imaginary landscapes into her own landscape vision, allowing their various narratives to overlap: in this site-specific spatial composition, the architectural features, conditions and historical realities of the exhibition space are merged with fountains that have been installed as public art projects throughout Berlin, the city's techno clubs and the historical regions of Bohemia and Moravia, located in what is now the border area between the Czech Republic and Slovakia.

The biomorphic tapestries, for example, are related to the centuries-old tradition of cultivating and processing flax and hemp in the historical region of Bohemia.[2] In the age of industrialisation, this connection between the natural surrounding and what began as a form of manual labour was continued by the first spinning machines and textile factories. After World War II,

1 Eva Illouz, *Explosive Moderne,* Frankfurt a.M.: Suhrkamp, 2024, p. 336. Quotations from this work have been translated into English by Jacqueline Todd.

2 Cf. Hermann Zeitlhofer, "Flachs und die lokale Ökonomie. Arbeitsbeziehungen und das Agrosystem im südlichen Böhmerwald (17. bis 19. Jahrhundert)" in: Rita Garstenauer, Erich Landsteiner & Ernst Langthaler (eds.), *Land-Arbeit. Arbeitsverhältnisse in ländlichen Gesellschaften Europas (17. bis 20. Jahrhundert),* Innsbruck: StudienVerlag, 2008, pp. 20–35; 20.

historischen Böhmen.[2] Die Verbindung zwischen umgebender Natur und zunächst manueller menschlicher Arbeit wird im Zeitalter der Industrialisierung durch erste Spinnmaschinen und Textilfabriken fortgeschrieben. Nach dem Zweiten Weltkrieg kommt die Leinenindustrie durch wegbrechende Absatzmärkte und die Substitution heimischer Kulturpflanzen durch leistungsfähigere ‚Cash Crops' mit vielfach kolonialem Hintergrund wie Baumwolle zum Erliegen. Klára Hosnedlová hat mit den letzten noch existierenden, lokalen Leinen- und Hanfverarbeitungsbetrieben und – für die eingelassenen Glaskörper in den Sandsteinskulpturen – Glashütten zusammengearbeitet, trägt diese Geschichte mit ihren gewebten Werken durch das Material und seine Verarbeitung in den Hamburger Bahnhof und lässt sie auf dessen Historie treffen. Während der zunehmenden Industrialisierung zwischen 1846 und 1847 erbaut, wird der Bahnhof 1884 bereits wieder stillgelegt. 1906 zieht das Königliche Bau- und Verkehrsmuseum ein. In der Phase der Hochindustrialisierung in Deutschland soll die Architektur der Halle mit ihren mächtigen aus Eisenträgern bestehenden Bögen die deutsche Ingenieurskunst demonstrieren. Zwischen diesen massiven Trägern spannt Klára Hosnedlová jetzt ihre weichen Skulpturen und Stickereien auf und öffnet damit ein Portal in andere mögliche Welten.

Auch das Sticken ist eine zunächst manuelle, dann in der Textilindustrie eingesetzte Technik. Es repräsentiert darüber hinaus als Handarbeit ein traditionelles Weiblichkeitsideal der bürgerlichen Gesellschaft und ist in der zeitgenössischen Kunst eine provozierende Arbeitsweise, in der sich die reputierlichen, mitunter subversiven oder glamourösen Aspekte der Sticktechnik verschränken.[3] Diese Intervention erinnert an die vom Soziologen Pierre Bourdieu so bezeichneten „viel zu engen (und gesellschaftlich konditionierten) Definitionen kultureller Legitimität [aufgrund derer es möglich ist], dass der größte Teil der Gesellschaft aus dem Universum der legitimen Kultur ausgeschlossen bleibt, ohne deshalb aus dem Universum des Ästhetischen verbannt zu sein".[4]

the linen industry suffered badly when sales markets collapsed and domestic crops were replaced by more efficient "cash crops" such as cotton, which often had a colonial background. Klára Hosnedlová collaborated with the last remaining linen and hemp processing companies and – for the glass pieces that are set into the sandstone sculptures – glassworks in the region; through the materials and processing techniques used to create her woven works, she carries their history into Hamburger Bahnhof and confronts it with the story of this building. The former train station was built in 1846/47, during a period of rapid industrialisation, but was closed down in 1884. In 1906, the Königliches Bau- und Verkehrsmuseum [Royal Museum of Transport and Construction], moved into the building. In the era of high industrialisation in Germany, the architecture of the hall, with its mighty arches made of iron girders, was intended to demonstrate German engineering prowess.

Between these metal beams, Klára Hosnedlová now spans her soft sculptures and embroideries, opening a portal to other possible worlds.

Embroidery is another technique that started out as a manual craft and was subsequently employed in the textile industry. As a handicraft, it also represents a traditional bourgeois ideal of femininity. In the realm of contemporary art, embroidery is a provocative method that intertwines the conventional reputability of this sewing technique with its subversive and glamourous aspects.[3] This intervention recalls what the sociologist Pierre Bourdieu called the 'overly limited (and socially conditioned) definition of cultural legitimacy [according to which] most of society can be excluded from the universe of legitimate culture without being excluded from the universe of aesthetics'.[4] Embroideries and soft sculptures, in whose art history Klára Hosnedlová's embroidered and woven works now take their place, still push the boundaries of traditional artistic genres.

Stickereien und *Soft Sculptures*, in deren Kunstgeschichte sich Klára Hosnedlovás gestickte und gewebte Werke einreihen, markieren nach wie vor Erweiterungen traditioneller Kunstgattungen.

Den Stickereien voraus gehen zur Bildfindung Performances für die Kamera. Die von den Performer*innen eingenommene Posen, Gesten und Konstellationen zitieren u.a. Szenen aus tschechischen Romanen und aus Filmen wie *Markéta Lazarová*[5] und *Das Tal der Bienen*[6] von František Vláčil. Beide Filme sind im Mittelalter angesiedelt, ohne Historiendramen zu sein. Vielmehr reflektieren filmische Erzählweise, Kamera und Montage die Gefühle und Sehnsüchte der Protagonist*innen, aber auch eine universale menschliche Brutalität und das Überleben von Mythen.[7] In beiden

2 Vgl. Hermann Zeitlhofer, „Flachs und die lokale Ökonomie. Arbeitsbeziehungen und das Agrosystem im südlichen Böhmerwald (17. bis 19. Jahrhundert)" in: Rita Garstenauer, Erich Landsteiner & Ernst Langthaler (Hg.), *Land-Arbeit: Arbeitsverhältnisse in ländlichen Gesellschaften Europas (17. bis 20. Jahrhundert)*, Innsbruck: StudienVerlag, 2008, S. 20–35, hier S. 20.

3 Vgl. Matilda Felix, *Nadelstiche. Sticken in der Kunst der Gegenwart*, Bielefeld: transcript Verlag, 2015, S. 17.

4 Pierre Bourdieu, „Einleitung" in: ders. et al., *Eine illegitime Kunst. Die sozialen Gebrauchsweisen der Photographie*, Frankfurt a.M.: Europäische Verlagsanstalt, 1981, S. 11–21, hier S. 19.

5 František Vláčil (Regie), ders. (Drehbuch, nach einem Roman von Vladislav Vančura), Tschechische Republik (damals Tschechoslowakei), 1967, 165 Min., schwarzweiß, 35mm.

6 Tschechisch: *Údolí včel,* František Vláčil (Regie), ders. & Vladimír Körner (Drehbuch, nach einem entstehenden Roman von Vladimír Körner), Tschechische Republik (damals Tschechoslowakei), 1967, 97 Min., schwarzweiß, 35mm.

7 Vgl. „Auszüge aus einem Interview mit Regisseur František Vláčil. Geführt von Antonín J. Liehm (1969) [Aus Closely Watched Films: The Czechoslovak Experience, New York 1974]" in: Bildstörung, *Presseheft Markéta Lazarová*, https://www.bildstoerung.tv/pressedownload/Presseheft_MARKETA.pdf, zuletzt abgerufen am 8. Januar 2025, S. 3–7.

The pictorial inspiration for Klára Hosnedlová's embroidered pieces is derived from filmed performances she has previously staged. The poses, gestures and arrangements presented by the performers refer, among others, to scenes from Czech novels and films such as *Markéta Lazarová*[5] and *The Valley of the Bees*[6] by František Vláčil. Although both of these films are set in the Middle Ages, they are not historical dramas. The filmic narrative, camerawork and montage reflect the emotions and desires of the protagonists, but also tell of a universal human brutality and the survival of myths.[7] In both films, the protagonists struggle to find a balance between their planned linear path through life and their lived emotional experiences.

As the sociologist Eva Illouz has observed, emotions contain social structures, group identities and moral codes in a condensed form; this is because, unlike biologically determined reactions, 'norms, rules, social structures, and cultural guidelines' form the 'invisible but burning magma of emotions, the fiery nucleus of their energy'.[8] In contrast to affects and impulses, emotions such as shame, hatred and love are shaped by our socialisation. Emotions evolve – like time capsules, they carry their origins within themselves. And it is these inscribed stories and histories that both Klára Hosnedlová and František Vláčil are interested in.

For months on end, František Vláčil subjected himself and his team to the harsh conditions of the Bohemian countryside, far from

3 Cf. Matilda Felix, *Nadelstiche. Sticken in der Kunst der Gegenwart*, Bielefeld: transcript Verlag, 2015, p. 17.

4 Pierre Bourdieu, *Photography. A Middle-brow Art*, Cambridge: Polity Press, 1998, pp. 7–8.

5 František Vláčil (dir.), idem (screenplay, based on a novel by Vladislav Vančura), Czech Republic (then Czechoslovakia), 1967, 165 min., b&w, 35mm.

6 Czech: *Údolí včel,* František Vláčil (dir.), idem and Vladimír Körner (screenplay, based on a novel-in-progress by Vladimír Körner), Czech Republic (then Czechoslovakia), 1967, 97 min., b&w, 35mm.

7 Cf. "Auszüge aus einem Interview mit Regisseur František Vláčil. Geführt von Antonín J. Liehm (1969) [Aus *Closely Watched Films: The Czechoslovak Experience*, New York 1974]" in: Bildstörung, *Presseheft Markéta Lazarová*, https://www.bildstoerung.tv/pressedownload/Presseheft_MARKETA.pdf, last accessed on 17 February 2025, pp. 3–7.

8 Illouz, *Explosive Moderne*, p. 11.

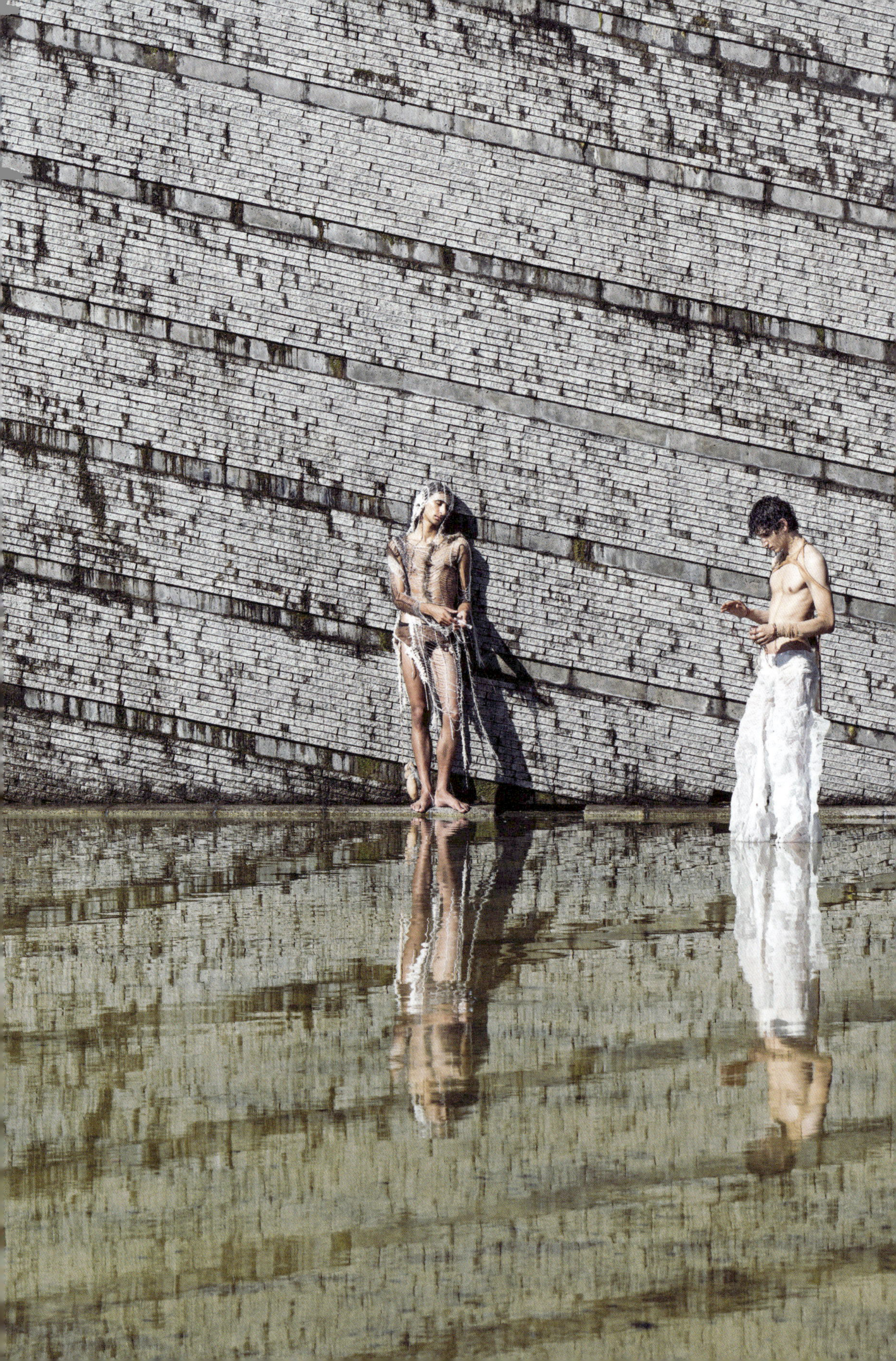

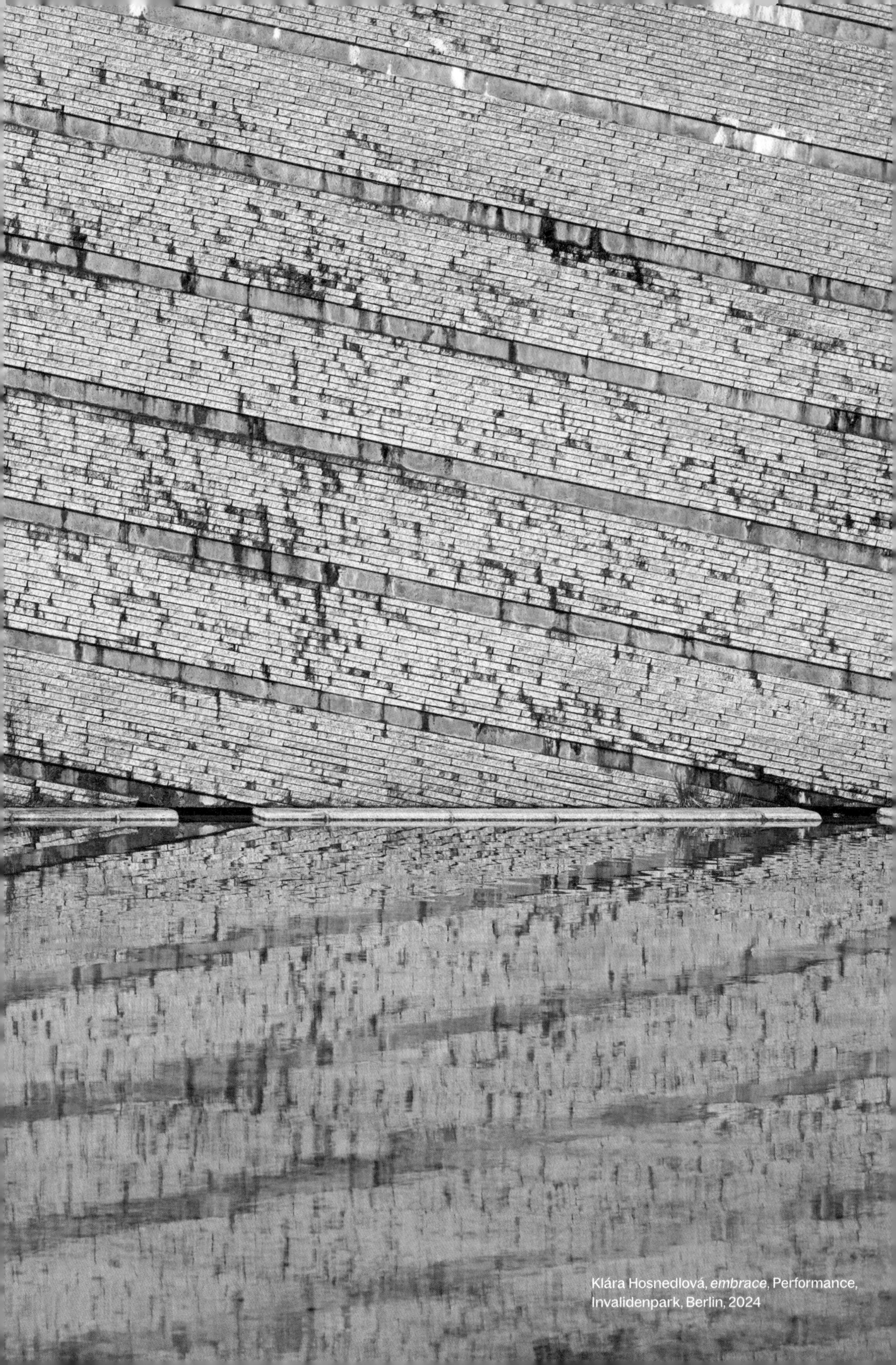

Klára Hosnedlová, *embrace*, Performance, Invalidenpark, Berlin, 2024

Filmen ringen die Protagonist*innen um ein Gleichgewicht zwischen geradlinig geplantem Lebensweg und ausgelebten Gefühlen.

Gefühle enthalten, wie die Soziologin Eva Illouz schreibt, in verdichteter Form soziale Strukturen, Gruppenidentitäten und moralische Kodes, da anders als bei biologisch bedingten Reaktionen „Normen, Regeln, soziale Strukturen, kulturelle Leitlinien das unsichtbare, aber brennende Magma der Gefühle, den Glutkern ihrer Energie" bilden.[8] Anders als Affekte und Triebe sind Gefühle wie Scham, Hass oder Liebe von unserer Sozialisation geprägt.

Gefühle entwickeln sich – sie tragen wie eine Zeitkapsel ihre Ursprünge in sich. Und es sind diese eingeschriebenen Geschichten, für die sich Klará Hosnedlová und František Vláčil interessieren.

František Vláčil hat sich und sein Team monatelang der Rauheit der böhmischen Landschaft jenseits größerer Ortschaften und in für Menschen teils unwegsamen Gegenden ausgesetzt. Deren Einsamkeit, Intensität und Kompromisslosigkeit blendet ebenso Klára Hosnedlová ein, um die Balance zwischen Konzept und Emotion in *embrace* mit skulpturalen Möglichkeiten zu erkunden. Die ruralen Gegenden rufen eine präindustrielle Epoche auf, in der sich die Emotionen noch nicht wie im „emotionalen Kapitalismus [...] in Entitäten verwandelt [haben], die bewertet, inspiziert, diskutiert, verhandelt, quantifiziert und kommodifiziert werden",[9] um die ökonomischen Beziehungen zu bestimmen, während das Gefühlsleben selbst immer stärker von ökonomischen Prinzipien geprägt ist.

Klára Hosnedlovás künstlerische Praxis ist dabei nicht von einer restaurativen Nostalgie geprägt, sondern von einer forschenden Neugier, die beispielsweise im Roman *Das Vermächtnis der Göttinnen*[10] von Kateřina Tučková auch die Anthropologin Dora Idesová antreibt. Die Protagonistin stößt über ihre

larger towns and sometimes in impassable terrain. In *embrace*, Klára Hosnedlová also draws on the isolation, intensity and uncompromising nature of such localities, using sculptural means to explore the delicate balance between concept and emotion. The rural areas evoke a pre-industrial age when emotions had not yet 'become entities to be evaluated, inspected, discussed, bargained, quantified, and commodified', as they are in the 'culture of emotional capitalism'[9] in order to determine economic relations, while emotional life itself is increasingly shaped by economic principles.

Klára Hosnedlová's artistic practice is informed not by restorative nostalgia, but by the kind of inquisitive interest that also drives the anthropologist Dora Idesová in Kateřina Tučková's novel *The Last Goddess*[10]. While exploring her family history, Idesová comes across the wise women of Žítková in the White Carpathians who are known as *bohyně* [goddesses]. Across the generations and in varying political systems, these women were persecuted and instrumentalised on account of their "secret" knowledge, which was handed down exclusively by mothers to their daughters: in the Middle Ages they were denounced as witches and executed; for this reason, following the invasion of the Wehrmacht in 1938, they were misused as evidence of Germanic ritual acts and the centuries-long presence of a Germanic culture in central Europe,[11] and then, following the foundation of Czechoslovakia, they were persecuted as possible collaborators with Nazi Germany.

The cultural region of Moravian Slovakia in the Czech Republic is also where Klára Hosnedlová grew up.

In her work, she combines her scrutinising gaze with these kinds of stories and her own childhood memories of roaming around, lost in dreams.

The monotonous concrete paving in the historic hall of Hamburger Bahnhof can be interpreted as a ubiquitous phenomenon of urban modernisation; the concrete tiles could, however,

Familiengeschichte auf die *bohyně*, Göttinnen, genannten weisen Frauen von Žítková in den Weißen Karpaten, die aufgrund ihres ausschließlich von Müttern an ihre Töchter weiter gegebenen ‚geheimen' Wissens quer durch Generationen und wechselnde politische Systeme verfolgt und instrumentalisiert wurden: im Mittelalter als Hexen denunziert und hingerichtet, aufgrund dessen nach dem Einmarsch der Wehrmacht 1938 zum Beleg für germanische Ritualhandlungen und das jahrhundertelange Fortbestehen einer germanischen Kultur in Mitteleuropa missbraucht[11] und nach Gründung der Tschechoslowakei als mögliche NS-Kollaborateurinnen verfolgt.

Die Mährische Slowakei Tschechiens ist auch die Region, in der Klára Hosnedlová aufgewachsen ist. Ihren eigenen forschenden Blick verbindet sie mit derartigen Geschichten und dem träumerischen Umherschweifen aus ihrer Kindheit: Das eintönige Betonpflaster in der Halle lässt sich als ubiquitäres Phänomen der urbanen Modernisierung lesen. Die Betonfliesen könnten aber ebenso eine spezifische Reminiszenz an die zerbrochenen Platten des Bürgersteigs ihres Heimatortes und die Spiele ihrer Kindheit sein: Bei Einbruch der Dunkelheit würden die Pfützen zu Flüssen, der Wald zum Beschützer einer von Klára vergrabenen Schatzkiste und die Sandsteinstatue im Park schien dort schon immer auf sie gewartet zu haben. Die nichtmenschlichen Wesen werden so zu Trägern eigener Geschichten. Geschichten und Welten hat Klára Hosnedlová ebenfalls für den von Billy Bultheel für *embrace* komponierten Soundtrack zur Verfügung gestellt, indem sie die im mährischen Dialekt gesungenen Lieder von Lada sowie die Bars des Rappers

8 Illouz, *Explosive Moderne*, S. 11.

9 Eva Illouz, *Gefühle in Zeiten des Kapitalismus*, Frankfurt a.M.: Suhrkamp, 2007, S. 161.

10 Vgl. Kateřina Tučková, *Das Vermächtnis der Göttinnen. Eine merkwürdige Geschichte aus den Weißen Karpaten*, München: Deutsche Verlagsanstalt, 2015.

11 Hexenkarthotek, Hexen-Sonderauftrag, archivierte Belege für Hexenverbrennungen, vgl. https://invenio.bundesarchiv.de/invenio/main.xhtml, zuletzt abgerufen am 12. Januar 2025.

equally be a specific reminiscence of the broken slabs of the sidewalk in her hometown and her childhood games: as darkness fell, puddles became rivers, the forest became the guardian of a treasure chest Klára had buried and the sandstone statue in the park seemed to have been waiting there for her forever. The nonhuman entities thus become the bearers of their own stories. For the soundtrack of *embrace*, which has been composed by Billy Bultheel, Klára Hosnedlová also provided many different stories and worlds in the form of songs sung in Moravian dialect by Lada and bars by the Czech rapper Yzomandias. In the historic hall of Hamburger Bahnhof, this music now merges with the occurrences in Berlin's techno clubs to which the stacked speakers could perhaps testify, but we can only imagine.

The musical score, stacked loudspeakers, tapestries, embroideries, puddles of epoxy resin, concrete slabs and sandstone sculptures thus become storage media that contain both real and imaginary events; they form a peaceful landscape traversed by streams, in which visitors can immerse themselves and contemplate their reflection in the endless flow of time.

In terms of form, this reflection occurs in the puddles of epoxy resin, whose surfaces serve as horizontal mirrors and extend the space of their installation vertically into infinity. The photographic images that preceded the embroidered depictions were also taken next to the

9 Eva Illouz, *Cold Intimacies: The Making of Emotional Capitalism*, Cambridge: Polity Press, 2007, p. 109.

10 Kateřina Tučková, *The Last Goddess*, Seattle: Amazon Crossing, 2022.

11 *Hexenkartothek*: archived records of witch trials, cf. https://invenio.bundesarchiv.de/invenio/main.xhtml; https://research.uca.ac.uk/3283/8/HexenArtikel.pdf, last accessed on 17 February 2025.

Yzomandias mitgebracht hat. Die Musik verbindet sich in der Halle nun mit den nur zu ahnenden Vorkommnissen, von denen die Lautsprecherboxen aus Berliner Techno-Clubs zeugen könnten.

Score, Lautsprecherhügel, Tapisserien, Stickereien, Epoxidpfützen, Betonplatten und Sandsteinskulpturen werden so zu Datenträgern, die reale und imaginäre Begebenheiten in sich speichern und eine friedliche von Bächen durchzogene Landschaft bilden, in der sich in den grenzenlosen Fluss der Zeit eintauchen und sich spiegeln lässt.

Formal findet diese Spiegelung in den Epoxidpfützen statt, deren Oberflächen horizontale Spiegel bilden und den Raum ihrer Installation vertikal ins Unendliche öffnen. Auch die den Stickbildern vorausgegangenen Fotoaufnahmen entstanden an spiegelnden Wasserflächen zweier brutalistischer Brunnenanlagen in Berlin.[12] Architektonisch spiegelt Brutalismus eine wie Gehwegplatten serielle Gesellschaft in oft futuristisch anmutender Betonbauweise und zeigt offen Material und Strukturen.

Klára Hosnedlová entzieht sich den Regeln des emotionalen Kapitalismus, der darauf basiert, dass zum Wecken von Emotionen Narrationen entwickelt werden.

Sie dekonstruiert vielmehr die scheinbare Linearität des Lebens und der Geschichte und spielt mit unseren Vorstellungen davon, wie Geschehnisse erzählt werden, wie Ort und Zeit zusammenhängen, wie Materialien, Formen, Statik und Komposition die formalen Erzählungen der Kunstgeschichte weiterspinnen. Skulpturen, Stickereien, Performances, Musik sowie fragmentierte Erzählungen aus der Vergangenheit und einer spekulativen Zukunft fügt Klára Hosnedlová in *embrace*, ihrer

12 Christophe Girot, *Sinkende Mauer*, 1997, Invalidenpark; Gerhard Schultze-Seehof, *Schultze-Seehof-Brunnen*, 1971, Alt-Tempelhof.

reflective surfaces of two brutalist water fountains in Berlin.[12] From an architectural point of view, brutalism reflects a society that is built on the principle of seriality, like the pattern of pavement slabs, with its often futuristic-looking concrete constructions and openly displayed materials and structures.

Klára Hosnedlová circumvents the rules of emotional capitalism, which is based on the premise that narratives are developed to evoke emotions.

Instead, she deconstructs the apparent linearity of life and of history, playing with our ideas about how events are recounted, how place and time are connected, and how materials, forms, statics and composition perpetuate the formal narratives of art history.

In *embrace*, her largest installation to date, Klára Hosnedlová combines sculptures, embroideries, performances and music with fragmented narratives from both the past and a speculative future to create a dense fabric of worlds. These are liminal worlds that invite us to interweave our knowledge of our socio-political history, precapitalistic past and increasingly technologised future with fictitious universes and new designs, with the aim of activating these worlds and shaping a present and future that is characterised by respect for the diversity of stories and emotions.

12 Christophe Girot, *Sinkende Mauer* (1997), Invalidenpark; Gerhard Schultze-Seehof, *Schultze-Seehof-Brunnen* (1971), Alt-Tempelhof.

bislang größten Installation, zu einem Gewebe aus Welten zusammen. Liminale Welten, die uns einladen, das Wissen um unsere gesellschaftspolitische Geschichte, präkapitalistische Vergangenheit und zunehmend technologisierte Zukunft mit fiktiven Welten und neuen Entwürfen zu verweben, um diese Welten für die Gestaltung einer von Respekt für die Unterschiedlichkeit von Geschichten und Gefühlen geprägten Gegenwart und Zukunft zu aktivieren.

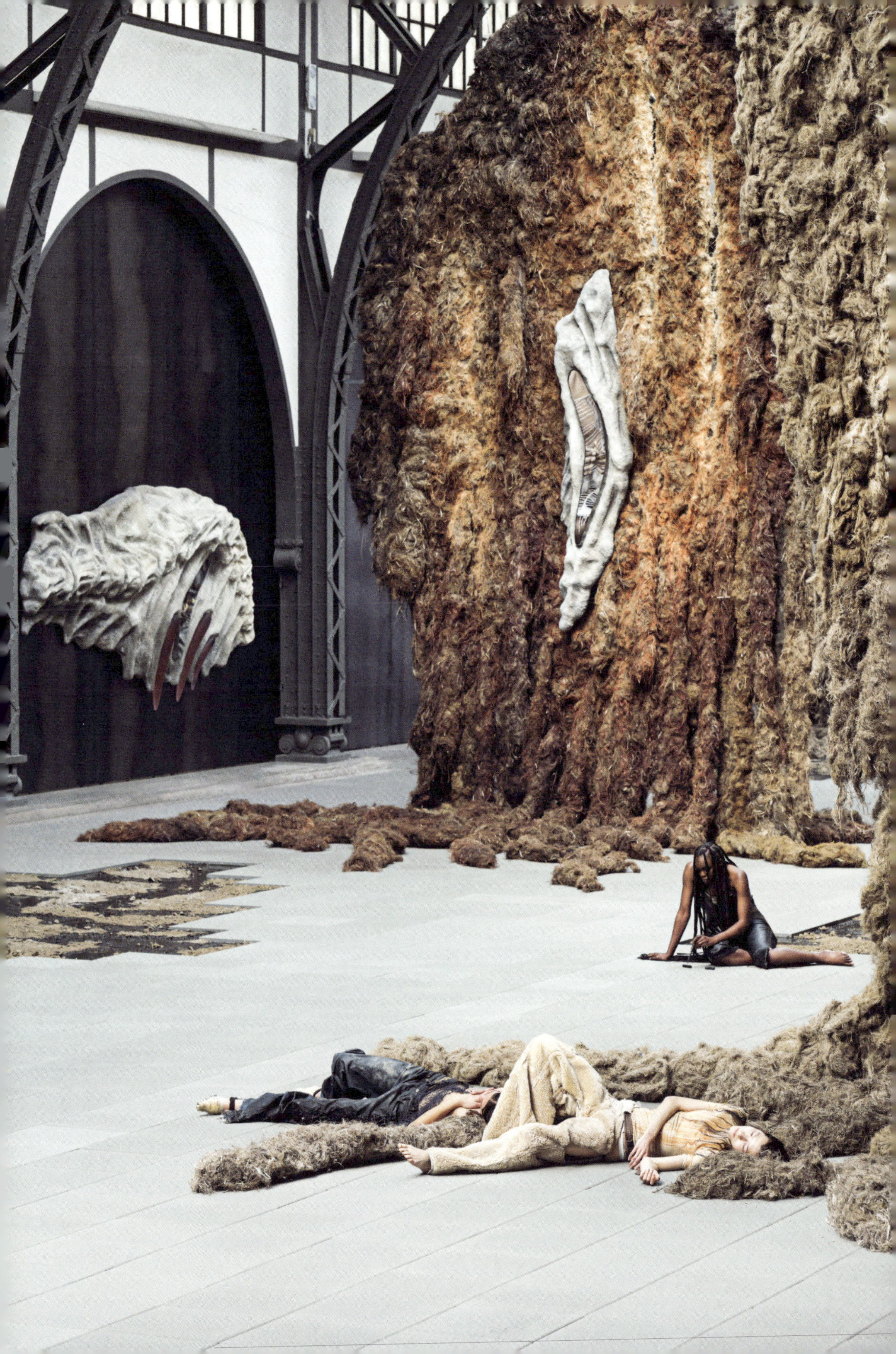

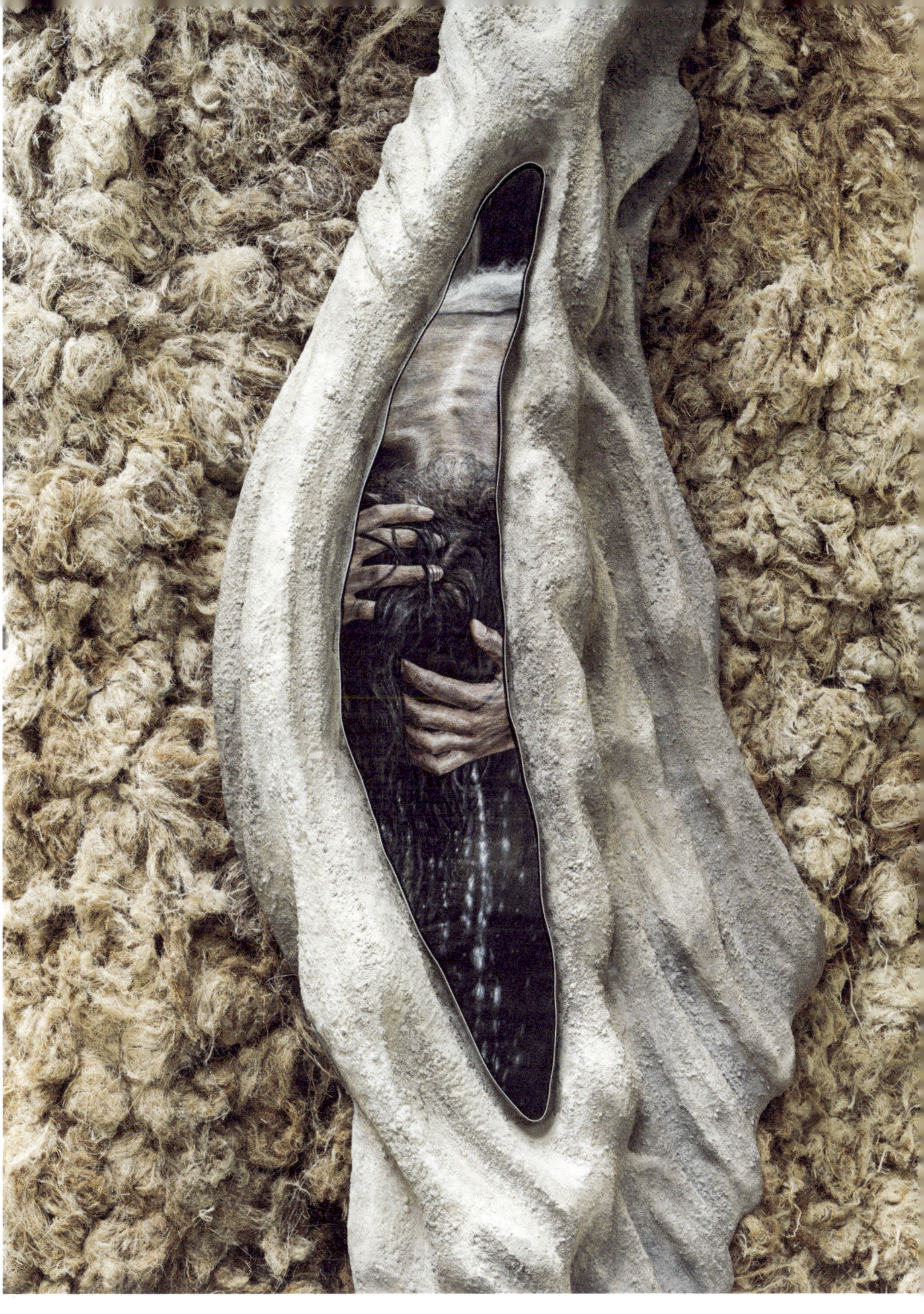

Klára Hosnedlová. embrace, Ausstellungsansicht / exhibition view
Hamburger Bahnhof – Nationalgalerie der Gegenwart, Berlin, 2025

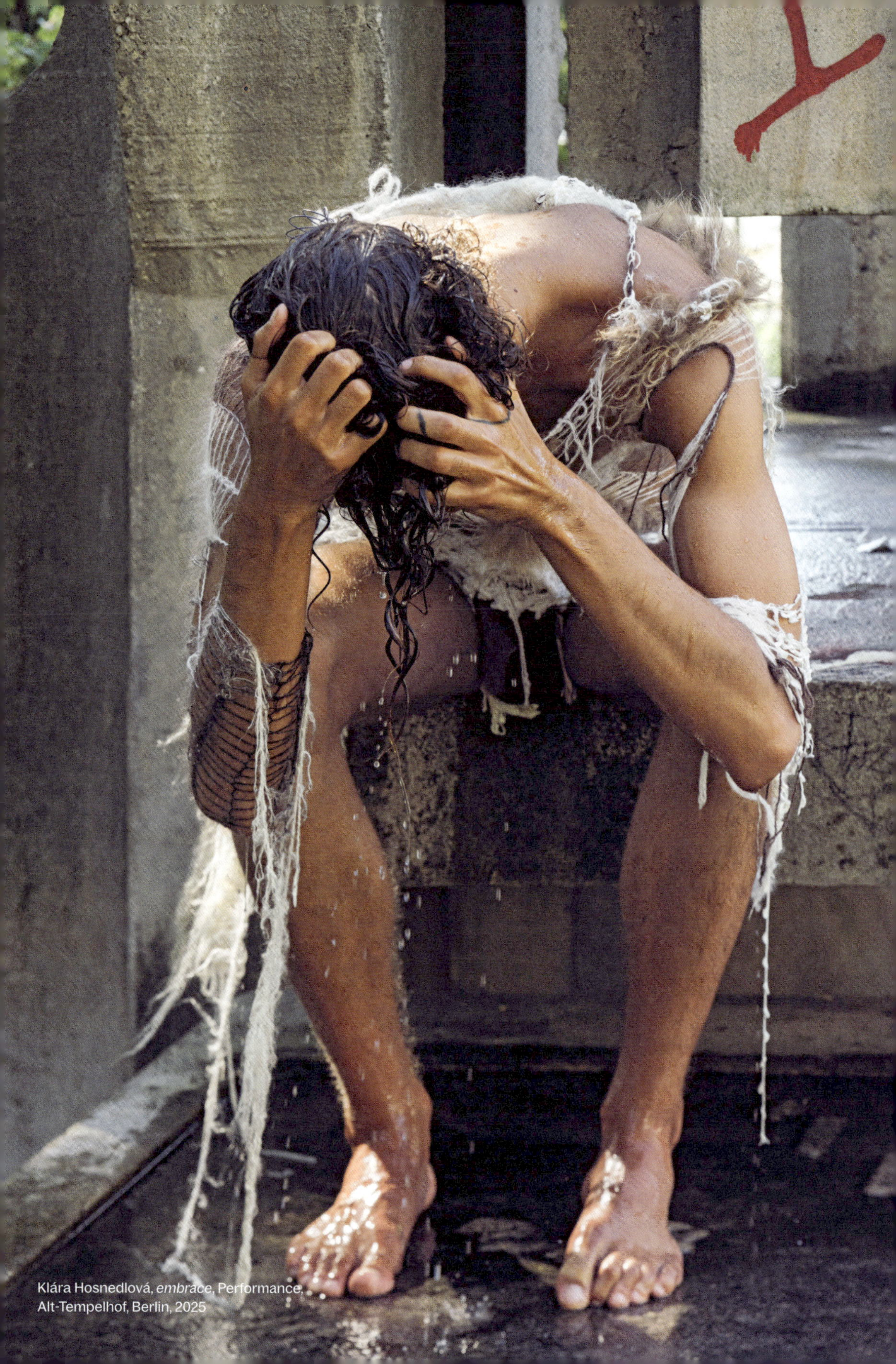

Klára Hosnedlová, *embrace*, Performance, Alt-Tempelhof, Berlin, 2025

Storied Matter in der Skulptur / Storied Matter in Sculpture

Klára Hosnedlovás Ausstellung *embrace* im Hamburger Bahnhof / Klára Hosnedlová's Exhibition *embrace* at Hamburger Bahnhof

Ursula Ströbele

„[...] the stories of matter are everywhere: in the air we breathe, the food we eat, in the things and beings of this world, within and beyond the human realm. All matter, in other words, is a 'storied matter'."[1]

So beschreiben Serenella Iovino und Serpil Oppermann ihren theoretischen Ansatz in *Material Ecocriticism* (2014), indem sie Materie als ständigen Prozess des gemeinsamen Werdens verstehen, der uns etwas über die „Welt, die wir bewohnen", mitteilt.[2] In materiellen „Geflechten" von Bedeutungen, Eigenschaften und Prozessen seien menschliche und nicht-menschliche Akteur*innen in Netzwerken miteinander verwoben. Dieser Gedanke knüpft neben Jane Bennetts *Vibrant*

'[...] the stories of matter are everywhere: in the air we breathe, the food we eat, in the things and beings of this world, within and beyond the human realm. All matter, in other words, is a "storied matter".'[1]

The above statement from Serenella Iovino and Serpil Opperman's book *Material Ecocriticism* (2014) outlines their theoretical approach, which involves understanding matter as 'a constant process of shared becoming

Matter auch an Donna Haraways Verständnis von Material als semiotisch aktiv („semiotically active") an.[3] Frühere materialbasierte Ansätze in der Kunstgeschichte, wie u.a. Günter Bandmanns „Bemerkungen zu einer Ikonologie des Materials" (1969), Thomas Raffs *Die Sprache der Materialien* (1994) oder Monika Wagners *Das Material der Kunst* (2001), beleuchten aus einer semantischen und ikonologischen Perspektive künstlerische Werkstoffe.[4] Da folglich jedes Material, jedes Wesen eine Geschichte zu berichten habe, bildet diese Form der werkspezifischen Erzählung die Grundlage für eine Annäherung an die performativ entstandenen Skulpturen Klára Hosnedlovás im vorliegenden Text. Karen Barads aus der Physik

1 Serenella Iovino & Serpil Oppermann „Introduction" in: dies. (Hg.), *Material Ecocriticism*, Bloomington: Indiana University Press, 2014, S. 1–17, hier S. 1.

2 *Materia* kommt aus dem Lateinischen und bedeutet Stoff, Thema, Ursache und Substanz. Es handelt sich um einen Oberbegriff für das, was raumeinnehmend ist und eine gewisse Masse besitzt. Zur Begriffstrias von Materie, Material und Materialität siehe u.a. Andrea von Hülsen-Esch, „Vorwort" in: dies. (Hg.), *Materie – Material – Materialität. Disziplinäre Annäherungen*, Düsseldorf: düsseldorf university press, 2017, S. 7–19 (materialisierungen 3, graduiertenkolleg materialität und produktion).

3 Ebd., S. 7. Siehe auch Donna Haraway, *When Species Meet*, Minneapolis / London: University of Minnesota Press, 2008. Jane Bennett, *Vibrant Matter: A Political Ecology of Things*, Durham / London: Duke University Press, 2010.

4 Günter Bandmann, „Bemerkungen zu einer Ikonologie des Materials" in: *Städel-Jahrbuch*, N.F. 2, 1969, S. 75–100. Thomas Raff, *Die Sprache der Materialien. Anleitung zu einer Ikonologie der Werkstoffe*, Berlin / München: Deutscher Kunstverlag, 1994. Monika Wagner, *Das Material der Kunst. Eine andere Geschichte der Moderne* (2001), München: Beck, 2013. Siehe auch u.a. die Forschungen von Ann-Sophie Lehmann, „The matter of the medium. Some tools for an art-theoretical interpretation of materials" in: Christy Anderson, Anne Dunlop & Pamela H. Smith (Hg.), *The matter of art. Materials, practices, cultural logics, c. 1250–1750*, Manchester: Manchester University Press, 2015, S. 21–41. Dies., „Taking fingerprints. The indexical affordances of artworks' material surfaces" in: Magdalena Bushardt & Henrike Haug (Hg.), *Spur der Arbeit*, Köln: Böhlau, 2018, S. 199–218. Dietmar Rübel, Monika Wagner & Vera Wolff (Hg.), *Materialästhetik. Quellentexte zu Kunst, Design und Architektur*, Berlin: Reimer, 2005. Dietmar Rübel, *Plastizität. Eine Kunstgeschichte des Veränderlichen*, München: Silke Schreiber, 2012.

that tells us something about the "world we inhabit".[2] In material 'meshes' of meanings, properties and processes, the authors maintain, human and non-human actors are interlocked in networks. This idea is linked not only to Jane Bennett's *Vibrant Matter*, but also to Donna Haraway's notion of material being 'semiotically active'.[3] Earlier material-based approaches in the field of art history, such as Günter Bandmann's "Bemerkungen zu einer Ikonologie des Materials" (1969), Thomas Raff's *Die Sprache der Materialien* (1994) or Monika Wagner's *Das Material der Kunst* (2001), analyse the materials of art from a semantic and an iconological perspective.[4] As every material and every entity consequently has a story to tell, this form of work-specific narrative underlies the approach to Klára Hosnedlová's performatively produced

1 Serenella Iovino & Serpil Oppermann "Introduction" in: idem (eds.), *Material Ecocriticism*, Bloomington: Indiana University Press, 2014, pp. 1–17; 1.

2 *Materia* is a Latin word meaning 'matter', 'material', 'subject', 'substance' or 'source'. It is a generic term for something that occupies space and has a certain mass. On the triad of terms 'matter', 'material' and 'materiality', see, among others, Andrea von Hülsen-Esch, "Vorwort" in: idem (ed.), *Materie – Material – Materialität. Disziplinäre Annäherungen*, Düsseldorf: düsseldorf university press, 2017, pp. 7–19 [volume 3 in the series *materialisierungen*].

3 Ibid., p. 7. See also Donna Haraway, *When Species Meet*, Minneapolis / London: University of Minnesota Press, 2008. Jane Bennett, *Vibrant Matter: A Political Ecology of Things*, Durham / London: Duke University Press, 2010.

4 Günter Bandmann, "Bemerkungen zu einer Ikonologie des Materials" in: *Städel-Jahrbuch*, N.F. 2, 1969, pp. 75–100. Thomas Raff, *Die Sprache der Materialien. Anleitung zu einer Ikonologie der Werkstoffe*, Berlin / Munich: Deutscher Kunstverlag, 1994. Monika Wagner, *Das Material der Kunst. Eine andere Geschichte der Moderne* (2001), Munich: Beck, 2013. For further research on this topic, see, for example, Ann-Sophie Lehmann, "The matter of the medium. Some tools for an art-theoretical interpretation of materials" in: Christy Anderson, Anne Dunlop & Pamela H. Smith (eds.), *The matter of art. Materials, practices, cultural logics, c. 1250–1750*, Manchester: Manchester University Press, 2015, pp. 21–41. Ann-Sophie Lehmann, "Taking Fingerprints. The Indexical Affordances of Artworks' Material Surfaces" in: Magdalena Bushardt & Henrike Haug (eds.), *Spur der Arbeit*, Cologne: Böhlau, 2018, pp. 199–218. Dietmar Rübel, Monika Wagner & Vera Wolff (eds.), *Materialästhetik. Quellentexte zu Kunst, Design und Architektur*, Berlin: Reimer, 2005. Dietmar Rübel, *Plastizität. Eine Kunstgeschichte des Veränderlichen*, Munich: Silke Schreiber, 2012.

stammende Erweiterung des Materialbegriffs hin zu Trans*materialitäten umfasst eine experimentelle *agency*, d.h. Wirkungsmacht und Bewegung von Materie.[5] Übertragen auf die Bildhauerei erlaubt diese „ongoing trans*formation" ein fruchtbares Weiterdenken von Material als Kondensation einer „(entangled) response-ability".[6]

Diese Art der Ver-antwort-ung und Materialtransformation spiegelt sich auch im Interesse der Künstlerin an der Herkunft der von ihr verwendeten (Natur-)Materialien, wie Flachs aus ihrer Heimatregion Mähren (heute Tschechien), sowie tradiertem handwerklichen Wissen. Der Gemeine Lein (*Linum usitatissimum*) – eine andere Bezeichnung für Flachs – wird seit Jahrtausenden als Heil-, Faser- und Nahrungspflanze angebaut. Dabei gelten die ungefähr 28.000 Jahre alten Funde zur Flachsverarbeitung aus der Höhle Dolní Věstonice in Mähren als die ältesten in Europa.[7]

Im Zentrum von Klára Hosnedlovás skulpturalen Werken stehen biomorphe Textilskulpturen aus gewebtem, pflanzlich gefärbtem Flachs in grün-braunen und rötlichbraunen Farben, die wie überlebensgroße zottelige Wesen mit tentakelartigen Auskragungen die Historische Halle des Hamburger Bahnhof besetzen, Stabilität und Ponderation durch ein Metallskelett im Inneren erhalten. Während der Flachs aus Tschechien stammt, findet der Verarbeitungsprozess selbst in einer Manufaktur in der Slowakei statt, die auf tradierte handwerkliche Praktiken und die entsprechende Materialkenntnis zurückgreift. Die Textilherstellung zählt zu den ältesten Kulturpraktiken, so auch das Weben und Sticken, eine weitere Technik, derer sich Hosnedlová für die Bildausschnitte bedient, die den skulpturalen Kern der jeweiligen Skulptur ausmachen – auch wenn diese tatsächlich auf die Fasern geheftet sind. Vorlage der Bilder sind Fotografien von Performer*innen, die mit trivialen Attributen, wie Streichholz, Taschenlampe, Skalpell und auch einem Schmetterling vor der *Sinkenden Mauer* von Christophe Girot (1997) im Invalidenpark und dem Schultze-Seehof-Brunnen (1971) in Alt-Tempelhof enigmatische, teils destruktive

sculptures taken in this text. Karen Barad's extension of the concept of material to trans*materialities, which has its origins in physics, includes an experimental agency – that is, the effectiveness and movement – of matter.[5] Applied to sculpture, this 'ongoing trans*formation' enables a productive conception of material as a condensation of '(entangled) response-ability'.[6]

> This kind of 'response-ability' and material transformation is also reflected in Hosnedlová's interest in the origin of the (natural) materials she uses, such as flax from her native region of Moravia (now Czech Republic), as well as in traditional craft knowledge and skills.

Common flax or linseed (*Linum usitatissimum*) has been cultivated for thousands of years as a food and fibre crop as well as a medicinal plant. At approximately 28,000 years old, the artefacts related to flax processing that were found in a cave near the village of Dolní Věstonice in Moravia are considered to be the oldest of their kind in Europe.[7] Hosnedlová's sculptural installation centres on biomorphic textile sculptures made of woven flax that has been coloured greenish brown and reddish brown with vegetable dyes; like oversized, scraggy creatures with tentacle-like appendages, they occupy the historic hall of Hamburger Bahnhof. Metal frameworks inside the sculptures provide stability and balance. While the flax comes from the Czech Republic, the production process takes place in a factory in Slovakia, using traditional craft techniques and the corresponding material knowledge. Textile production is one of the oldest cultural practices, along with weaving and embroidering – a technique Hosnedlová also uses to create the cropped images that form the core of each sculpture, although they are actually tacked onto the fibres. The source images for her embroideries are photographs of performers – holding trivial attributes such as a match, a flashlight, a scalpel or a butterfly – who

Gesten der Berührung andeuten und kontemplative Posen einnehmen. Im Zentrum der von der Künstlerin größtenteils eigenhändig gestickten Bilder stehen die performenden Hände und in netzartig-elastische Gewebe gekleidete Körperteile, die wie narrative Fetzen eine Geschichte evozieren. In diesem figurativen, darstellenden Teil sind mit der Materialgeschichte zwei erzählerische Ebenen ineinander verwoben. Dabei ist Material ohne die (Künstler*innen-)Hand, die historischen und soziopolitischen Voraussetzungen seiner Entstehung und Produktion, das korrelierende Werkzeug und die jeweilige Umgebung nicht zu denken. Barad betont, dass Apparate und Werkzeuge keine „passiven Beobachtungsinstrumente" seien, sondern einen aktiven Part an der Werkgenese einnehmen.[8]

In Sandsteinrahmen eingefasst bilden die Bilder quasi das Auge der zwischen archäologischem Fossil aus einer prähistorischen Zeit und *Sci-Fi*-Vision oszillierenden Gestalten, beschwören eine verborgene, rätselhafte Geschichte.

Die reliefartigen Skulpturen vor Metallwänden evozieren eine steinerne Herkunft, bestehen tatsächlich aus einem (leichteren) Materialkonglomerat: Eine Styroporstruktur ist u.a. mit Stein- und Mineralstaub sowie

5 Karen Barad, „TransMaterialities. Trans*/Matter/Realities and Queer Political Imaginings" in: *GLQ* 21:2–3 (2015), S. 387–422, hier S. 387f.

6 Ebd., S. 411.

7 Vgl. Christine Ober, „Textilherstellung – eine der ältesten Kulturtechniken" in: Bayerische Akademie der Wissenschaften (Hg.), *Akademie Aktuell* 2:71 (2020), https://badw.de/fileadmin/pub/akademieAktuell/2020/71/AA2002_09_Fokus_Ober.pdf, zuletzt abgerufen am 14. Januar 2025. Für weitere Informationen über Leinen/Flachs siehe auch https://thelinenproject.online/, zuletzt abgerufen am 14. Januar 2025.

8 Karen Barad, *Agentieller Realismus. Über die Bedeutung materiell-diskursiver Praktiken*, Berlin: Suhrkamp, 2012, S. 24.

imply enigmatic, at times destructive gestures of touching and strike contemplative poses in front of Christophe Girot's sculpture *Sinkende Mauer* [sinking wall] (1997) in the Invalidenpark and the fountain in Alt-Tempelhof that was designed by Gerhard Schultze-Seehof (*Schultze-Seehof-Brunnen*, 1971). The embroidered images, which are for the most part sewn by the artist herself, focus on the performing hands and on body parts clothed in meshed, elasticated fabric, which serve as narrative fragments to suggest a story. In combination with the material history, two narrative strands are interwoven in this figurative, representational part of the work.

Yet the material cannot be conceived without the (artist's) hand, the historical and socio-political preconditions of its emergence and production, the corresponding tool and the respective surroundings.

Barad stresses the fact that apparatuses and tools are not 'passive observing instruments' but active participants in the emergence of the work.[8] Set into sandstone frames, the pictures constitute the "eye", as it were, of the figures that oscillate between archaeological fossils from a prehistoric age and sci-fi visions, alluding to a mysterious, enigmatic story.

The relief-like sculptures placed in front of metal walls evoke stony origins but actually consist of a conglomeration of (lighter) materials:

5 Karen Barad, "TransMaterialities. Trans*/Matter/Realities and Queer Political Imaginings" in: *GLQ* 21:2–3 (2015), pp. 387–422; 387–388.

6 Ibid., p. 411.

7 Cf. Christine Ober, "Textilherstellung – eine der ältesten Kulturtechniken der Welt" in: *Akademie Aktuell* 2:71 (2020), https://badw.de/fileadmin/pub/akademieAktuell/2020/71/AA2002_09_Fokus_Ober.pdf, last accessed on 17 February 2025. For further information on linen/flax, see also https://thelinenproject.online/, last accessed on 17 February 2025.

8 Karen Barad, "Agential Realism: How material-discursive practices matter" in: idem, *Meeting the Universe Halfway. Quantum Physics and the Entanglement of Matter and Meaning*, Durham / London: Duke University Press, 2007, pp. 132–185; 142.

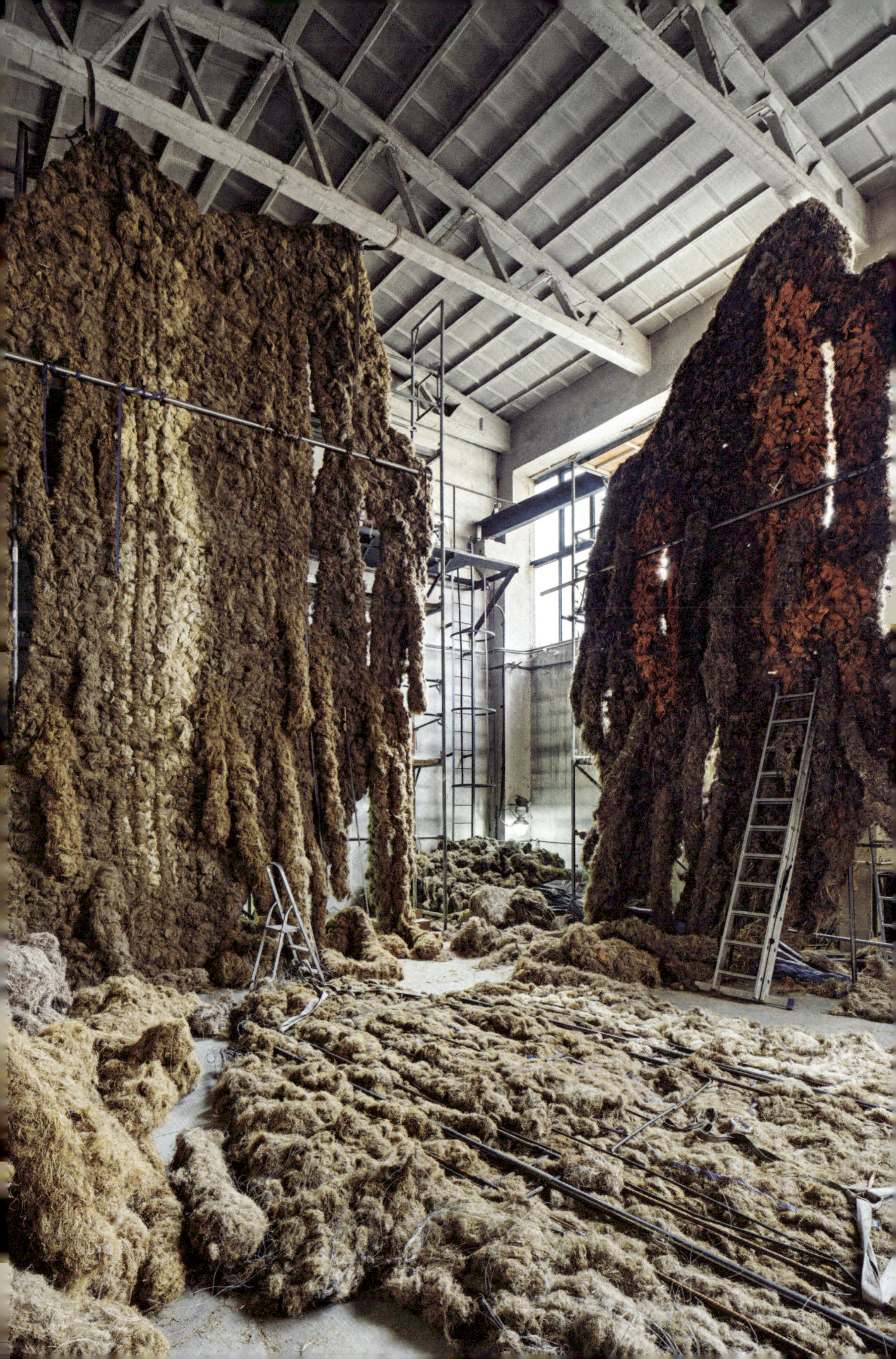

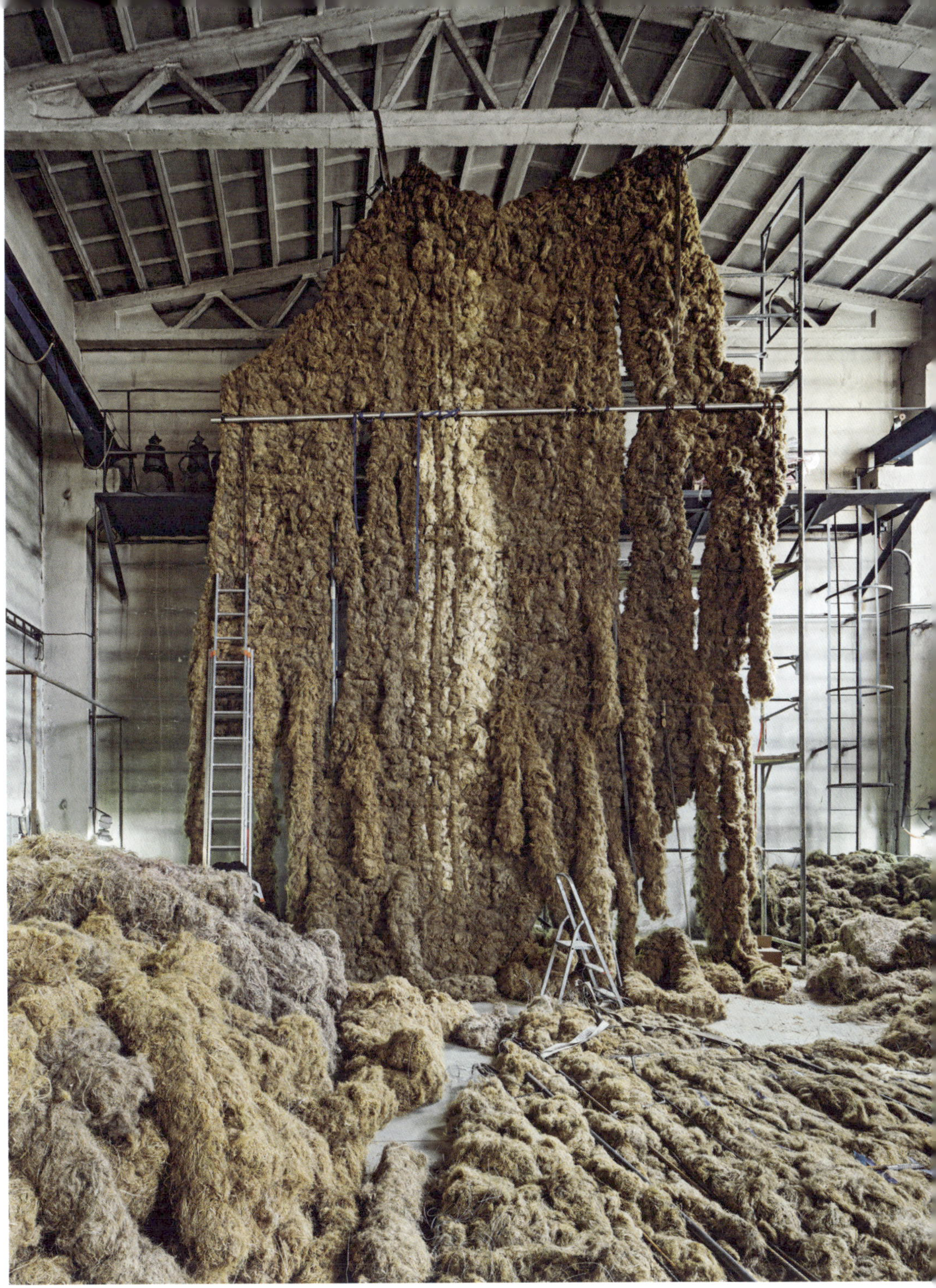

Klára Hosnedlová, Produktion von Flachstapisserien für *embrace*, Prag, 2025 /
production of flax tapestries for *embrace*, Prague, 2025

Harz überzogen, woraus die sandsteinähnliche Oberfläche resultiert. Auch sie verkörpern ein spezifisches Materialwissen und erzählen zudem von marinen Sedimenten und Fossilien, vielleicht auch von versteinerten Säugetieren, deren Skelette angedeutet sind. Lateinisch *fossilis* bedeutet „ausgraben“, d.h. Zeugnis ablegen von vergangenem Leben in der Erdgeschichte und ihrer Tiefenzeit. Geologisch gesehen handelt es sich bei Fossilien um Versteinerungen, die durch eine Verformung der Erdoberfläche entstanden sind. Durchbrochen sind die Reliefs von mundgeblasenen Glasteilen und weiteren Stickereien, deren Platzierung die anatomische Assoziation von Rippenknochen und Wirbelsäule evoziert.

Der mit grauen Gehsteigplatten bedeckte Boden ist von mehreren Pfützen aus Epoxidharz und Erdkrumen durchbrochen, deren artifizielle Flächen den Raum widerspiegeln, damit illusionistisch zu erweitern suchen. Fiele ein Gegenstand hinein, bliebe die glänzende Oberfläche unversehrt ohne die üblichen, sich konzentrisch ausbreitenden Wellen. Betonplatten, Metallwände und aufeinandergestapelte Lautsprecherboxen als Technizität und Urbanität evozierende Elemente stehen in Kontrast zu den Weichheit und Fragilität suggerierenden Flachsskulpturen.

Historisch etablierte Materialsemantiken und genderspezifische Zuschreibungen, die harte, dauerhafte und schwere Materialien eher als männlich betrachten gegenüber materialästhetischen Qualitäten wie Weichheit, Vergänglichkeit und Elastizität, die Künstlerinnen zugeschrieben werden, sind hier gequeert, miteinander konfrontiert und gegen den Strich gebürstet.

a polystyrene structure has been covered with stone dust, mineral dust and resin, among others, to create the sandstone-like surface. These elements likewise embody a specific material knowledge; they also tell of marine sediments and fossils, and perhaps of fossilised mammals, whose skeletons they suggest. The Latin word *fossilis* literally means 'obtained by digging', that is to say, something that attests to past life in the (natural) history of Earth and its deep time. From a geological perspective, fossils are petrified remains that result from a deformation of the Earth's surface. Hosnedlová's reliefs are interspersed with hand-blown glass pieces and further embroideries, placed in such a way that they evoke anatomical associations with ribs and a spine.

The grey paved floor of the museum is dotted with puddles of epoxy resin and soil; their artificial surfaces reflect the surrounding space, expanding it in an illusionistic manner. If something were to fall into these puddles, their shiny surface would remain unperturbed, without the usual pattern of waves in concentric circles.

As elements that evoke technicity and urbanity, the concrete slabs, metal walls and stacked loudspeakers contrast with the flax sculptures and their suggestion of softness and fragility.

Here, historically established material semantics and gender-specific attributions – which tend to associate hard, heavy, durable materials with men, vis-à-vis aesthetic material qualities such as softness, elasticity and transience that are often attributed to female artists – are queered, confronted and brushed against the grain, as it were. In *The Cultural Politics of Softness* (2018), Andi Schwartz refers to the queer-feminist paradigm of 'radical softness', by which they mean a general orientation to the world that foregrounds vulnerability, emotionality and earnestness.[9] In contrast to hardness – an approach which, in their view, often relies on irony and sarcasm to shore up the image of infallible impenetrability – this turn towards (radical) softness functions as an aesthetic, cultural and political stance 'to

In *Cultural Politics of Softness* (2018) verweist Andi Schwartz auf das queer-feministische Paradigma der „radical softness", eine allgemeine Ausrichtung auf die Welt, die Verletzlichkeit, Nachgiebigkeit, Emotionalität und Ernsthaftigkeit in den Vordergrund stelle.[9] Konträr zu Härte, einem Ansatz, der sich oft auf Ironie und Sarkasmus stütze, um das Bild unfehlbarer Unangreifbarkeit zu untermauern, fungiere diese Hinwendung zur (radikalen) *Softness* als ästhetische, kulturelle und politische Haltung „to raise political awareness about the social structures that enable and perpetuate these painful experiences."[10]

Magdalena Abakanowicz begreift den Umgang mit weichem Stoff und das Weben als Geste des Protests: „Weich – das ist bequem und nützlich. [...] Das ist Folgsamkeit des Stoffes. [...] Deshalb schien mir der Kampf gegen die herkömmlichen Gewohnheiten so faszinierend. Deshalb bin ich derart davon fasziniert, die organische Beschaffenheit des Gewebes, des Weichen zu offenbaren, zu enthüllen. [...] Und dann Gegenstände, Objekte zu zeigen, die den früheren Funktionen dieses Stoffes widersprechen und die Kenntnis des Menschen [...] erweitern."[11]

Auch Hosnedlovás *Soft Sculptures*, die trotz ihres starren Kerns nach außen hin Fragilität und Nachgiebigkeit ausstrahlen, widersprechen den „früheren Funktionen dieses Stoffes" und tradierter Materialkenntnis, laden zu Berührung ein, um zu erfahren, ob die

9 Andi Schwartz, „The Cultural Politics of Softness" in: *Guts Magazine*, 27. Dezember 2018, https://gutsmagazine.ca/the-cultural-politics-of-softness/, zuletzt abgerufen am 14. Januar 2025.

10 Ebd.

11 Magdalena Abakanowicz, „Weich = Leben" in: Erika Billeter (Hg.), *Weich und Plastisch. Soft*-Art, Ausst.-Kat. Kunsthaus Zürich (Eigenverlag, 1979), S. 74–76, hier S. 75f.

raise political awareness about the social structures that enable and perpetuate these painful experiences'.[10]

Magdalena Abakanowicz regards the use of soft materials and techniques such as weaving as a gesture of protest: 'Softness is comfortable and useful. [...] The material that wraps our bodies is obedient; [...] This is why the fight against acquired habits struck me as so fascinating. Fascinating was the disclosure and unveiling of what is organic in fabrics, their softness. [...] And, later, the showing of objects, things that negate the former functions of this material and extend man's consciousness [...].'[11]

Klára Hosnedlová's soft sculptures, which radiate fragility and pliability in spite of their rigid core, likewise contradict the 'former functions of this material' and traditional knowledge of materials; they invite us to touch them, to find out: 'Does it give under one's finger? Does its surface resist?'[12]

On an acoustic level, the narratives artistically embedded in the historic hall of Hamburger Bahnhof are interconnected by a site-specific soundtrack created by Billy Bultheel; his composition includes music by Lada – a women's choir from Prague who perform Moravian folk songs in dialect and traditional polyphony – and pieces by the Czech rapper Yzomandias.

For architectural reasons, Klára Hosnedlová's walk-in sculptural image has a primary view, but the textures of the individual components of the works reveal themselves only gradually, when they are viewed in detail.

Using contrasting hard and soft (natural) materials and found objects leads to a network of condensed narratives that provoke contradictions in the expanded sense of *Material Ecocriticism* – 'the stories of matter are everywhere'.[13] The material(s) tell of their origins,

9 Andi Schwartz, "The Cultural Politics of Softness" in: *Guts Magazine*, 27 December 2018, https://gutsmagazine.ca/the-cultural-politics-of-softness/, last accessed on 17 February 2025.

10 Ibid.

11 Magdalena Abakanowicz, "Embryology" (1982), reprinted in: *TriQuarterly 63* (Spring/Summer 1985), pp. 445–448; 448.

12 Ibid., p. 447.

13 Iovino & Oppermann, "Introduction", p. 1.

Textur „dem Druck meiner Finger nachgibt oder sich mit seiner Oberfläche verwehrt".[12]

Auf akustischer Ebene werden die künstlerisch eingelagerten Erzählungen durch einen ortsspezifisch entstanden Soundtrack von Billy Bultheel in der Historischen Halle des Hamburger Bahnhof miteinander verbunden, der sowohl mit Musik von Lada, einem Frauenchor aus Prag, der mährische Lieder im Dialekt und traditioneller Polyphonie singt, als auch mit Stücken von Yzomandias, dem tschechischen Rapper, komponiert ist.

Hosnedlovás begehbares plastisches Bild weist architektonisch bedingt eine Hauptansicht auf, doch die Texturen der einzelnen Werkbestandteile erschließen sich erst nach und nach in der Detailbetrachtung. Die von ihr verwendeten, miteinander kontrastierenden (harten und weichen) (Natur-)Materialien und *Found Objects* führen zu einem Netz verdichteter, Widersprüche provozierender Erzählungen im erweiterten Verständnis des *Material Ecocriticsm* – „the stories of matter are everywhere".[13]

Deren Stoff(e) erzählen von ihrer Herkunft, Beschaffung, Verarbeitung und ihrem Transport, von tradiertem, handwerklichem Wissen und einer persönlichen, emotionalen Verbindung der Künstlerin mit einer spezifischen Landschaft, ergänzt von individuellen Assoziationen der Rezipient*innen.

Zwar braucht es ein bestimmtes Wissen bzw. Materialkenntnis, um die um die Skulpturen drapierten bzw. sie beherbergenden und teils mit ihnen verwobenen Narrative und Referenzen zu dechiffrieren – gleichsam ein Spiegel heutiger Praktiken der Wissensaneignung durch vielfältige Verlinkungen und eines im Netz mäandrierenden Surfens. Und doch entfalten die überlebensgroßen *Soft Sculptures*, die prähistorisch anmutenden Sandstein-

acquisition, processing and transportation, of craft knowledge and traditions, and of the artist's personal, emotional connection to a specific landscape, supplemented by the recipients' individual associations.

While a particular kind of knowledge or awareness of materials may be required in order to decipher the multiple narratives and references that envelop and enclose the sculptures, or are sometimes intertwined with them – mirroring, as it were, contemporary practices of acquiring knowledge via various forms of links and the meandering paths of surfing the internet – the larger-than-life soft sculptures, prehistoric-looking sandstone sculptures and expansive soundtrack develop a haptic presence through their physical form alone; sharing the space with their counterparts, they inspire viewers to develop their own individual stories.

plastiken und der sich räumlich ausbreitende Klang allein durch ihre physische Gestalt eine haptische Präsenz, teilen den Raum mit ihren Gegenübern und regen zu eigenen, individuellen Geschichten an.

12 Ebd.
13 Iovino & Oppermann, „Introduction", S. 1.

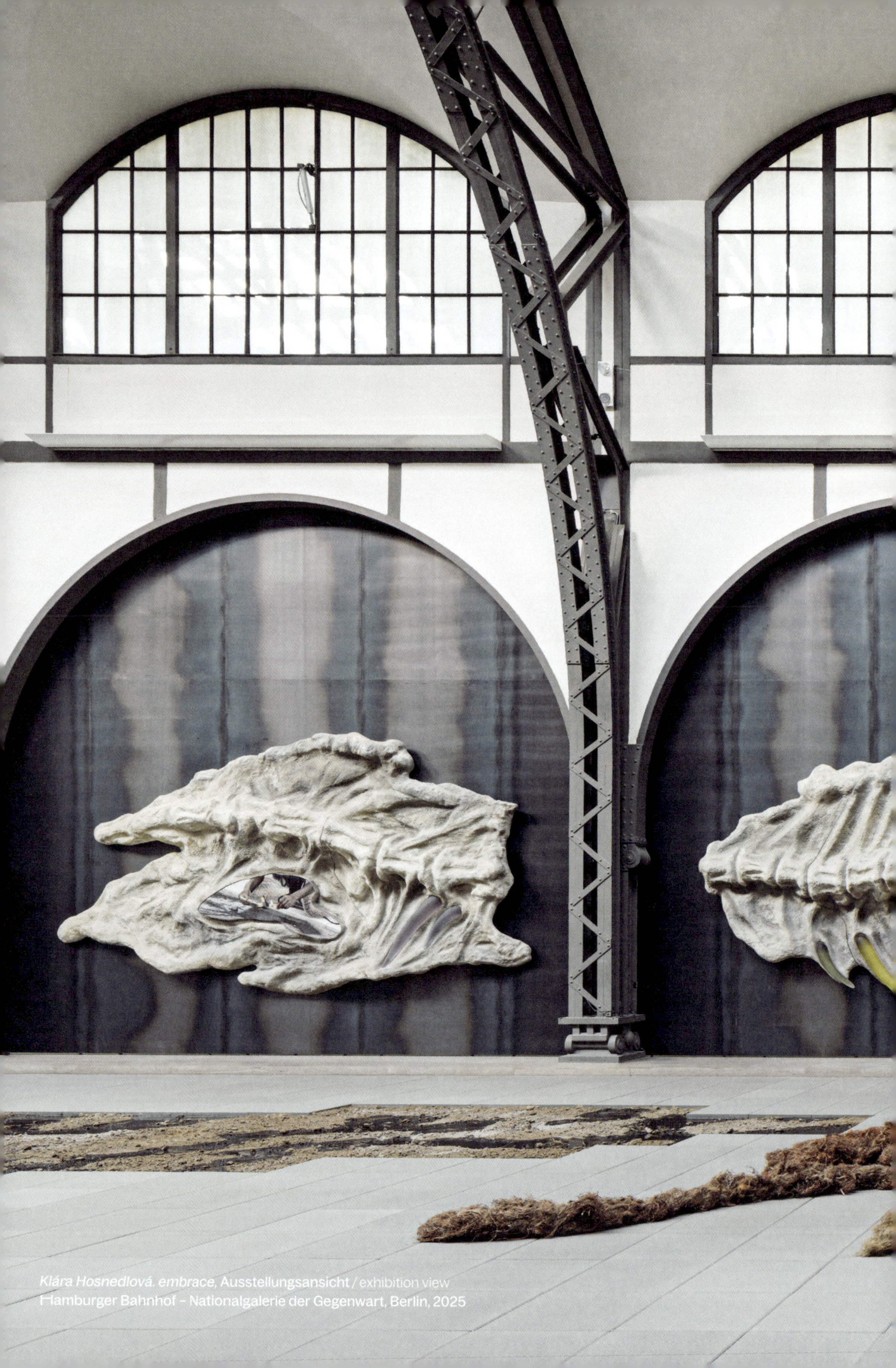

Klára Hosnedlová. embrace, Ausstellungsansicht / exhibition view
Hamburger Bahnhof – Nationalgalerie der Gegenwart, Berlin, 2025

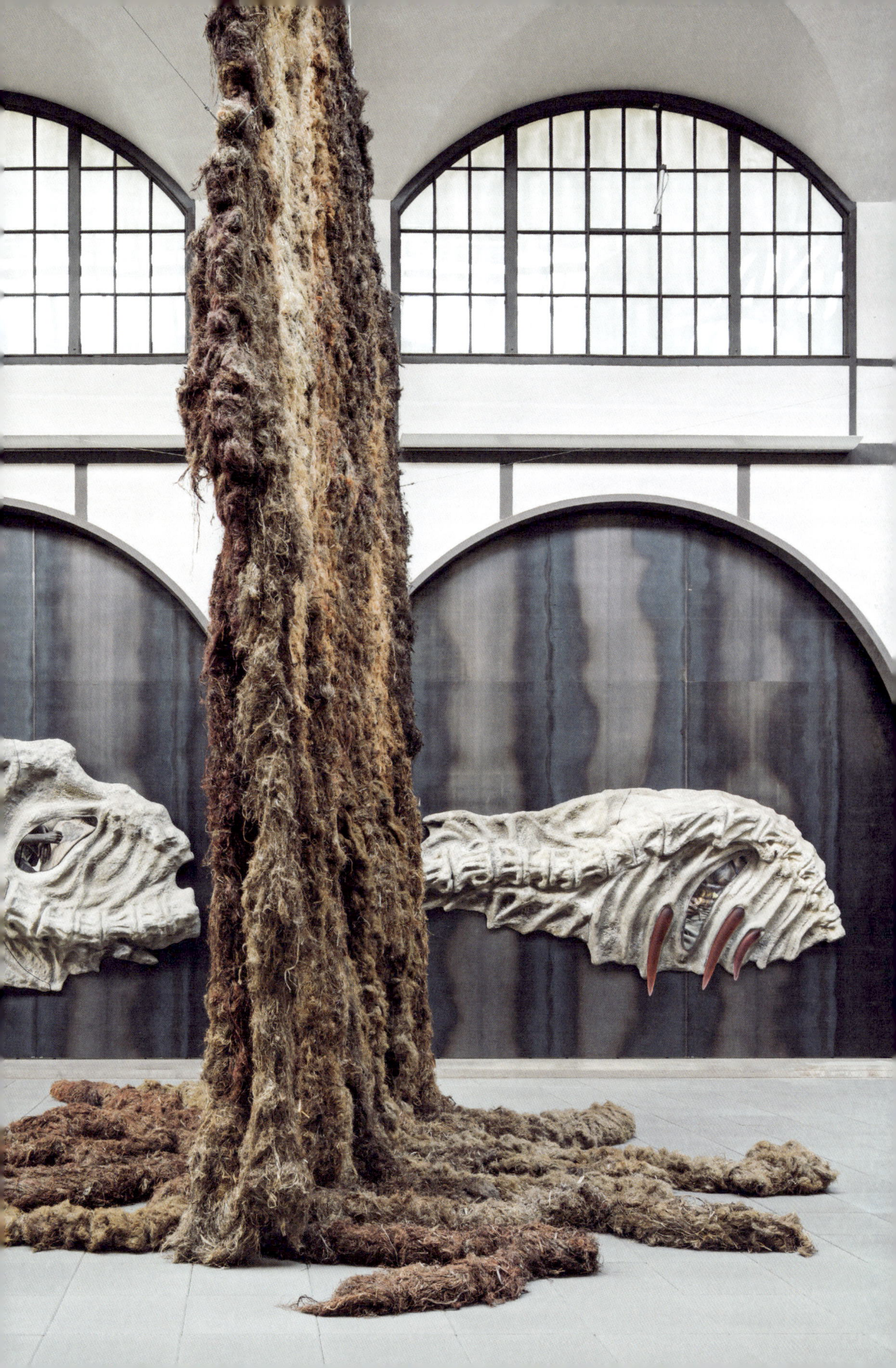

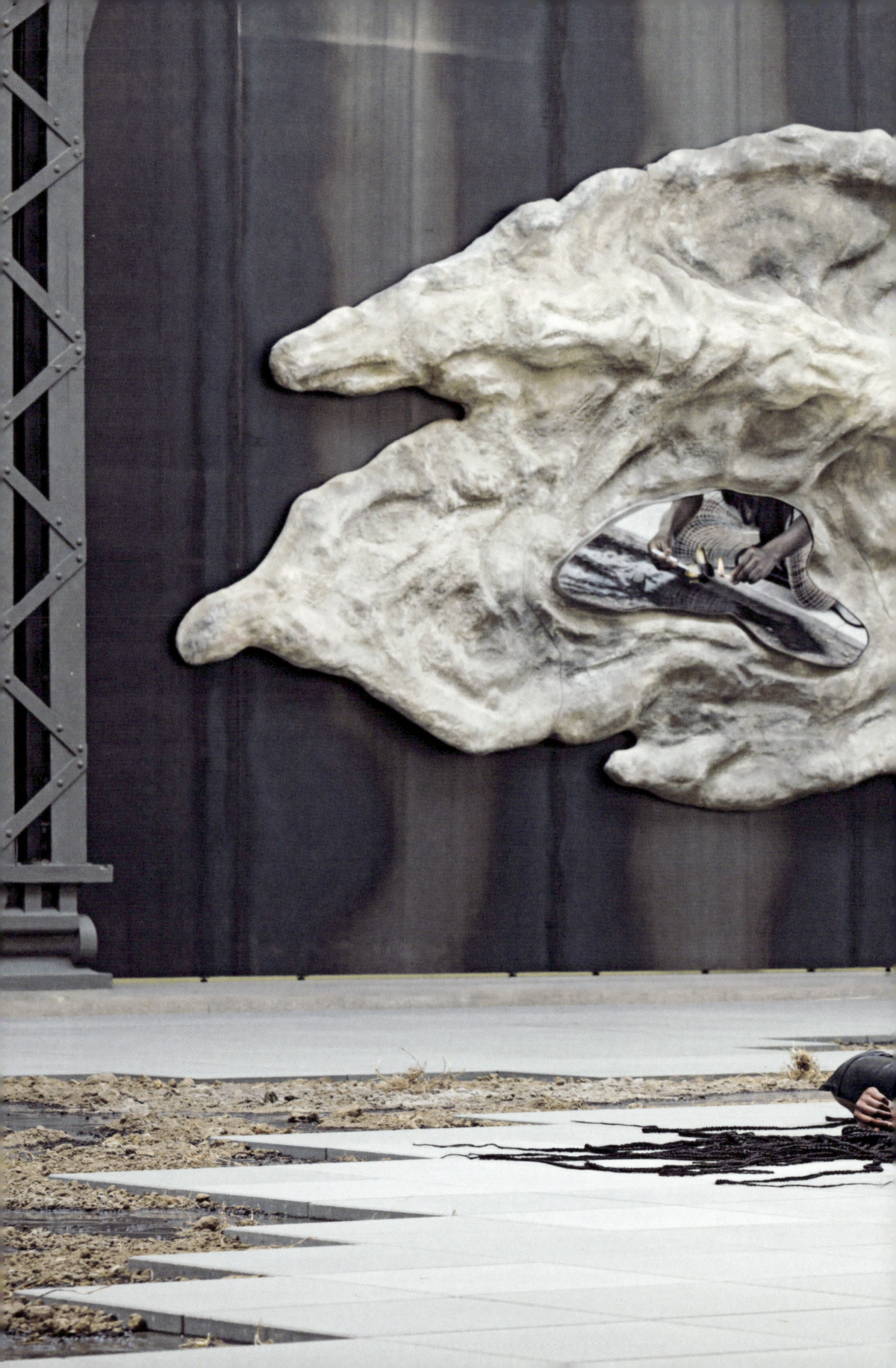

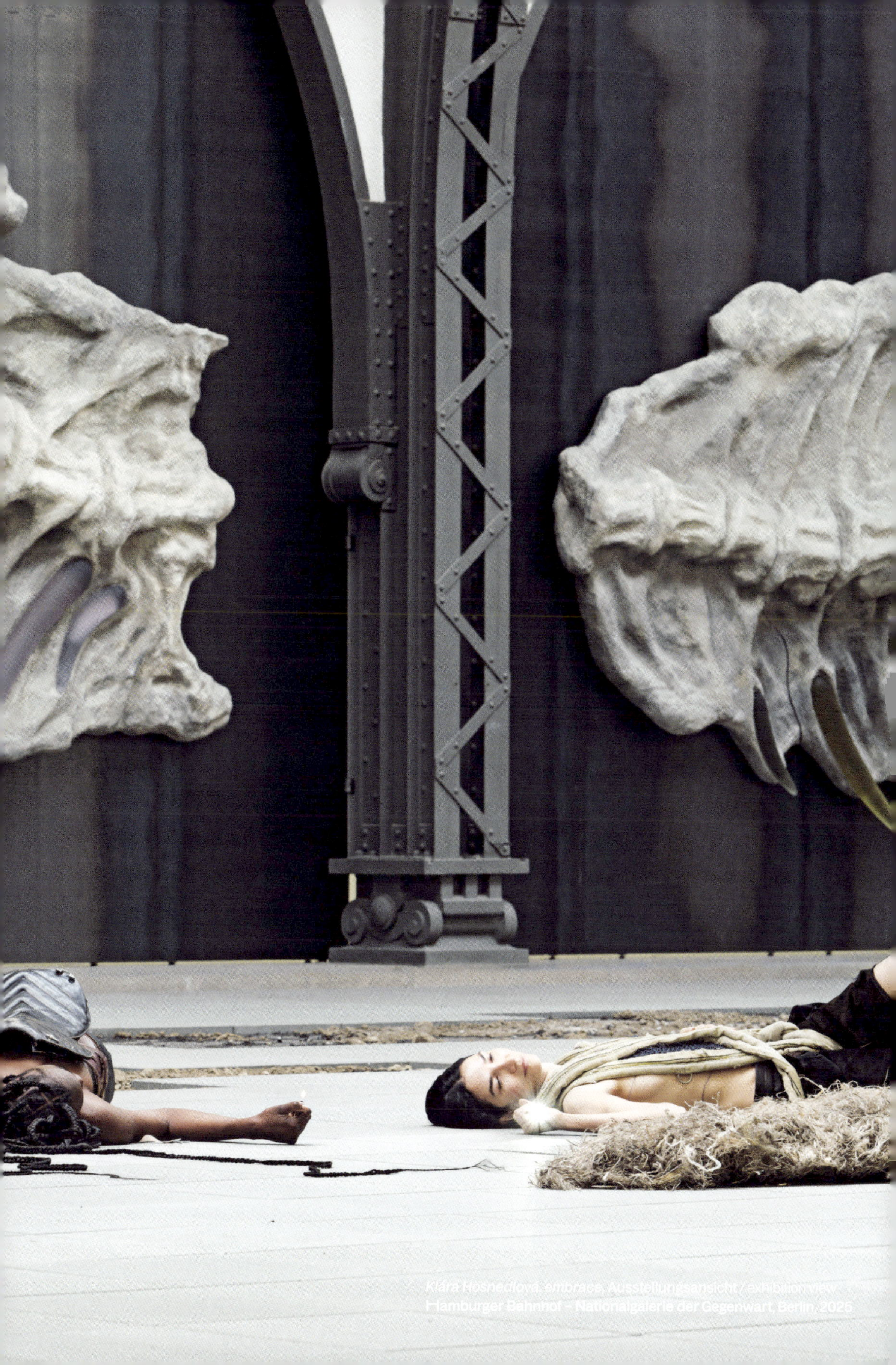

Klára Hosnedlová, embrace, Ausstellungsansicht / exhibition view
Hamburger Bahnhof – Nationalgalerie der Gegenwart, Berlin, 2025

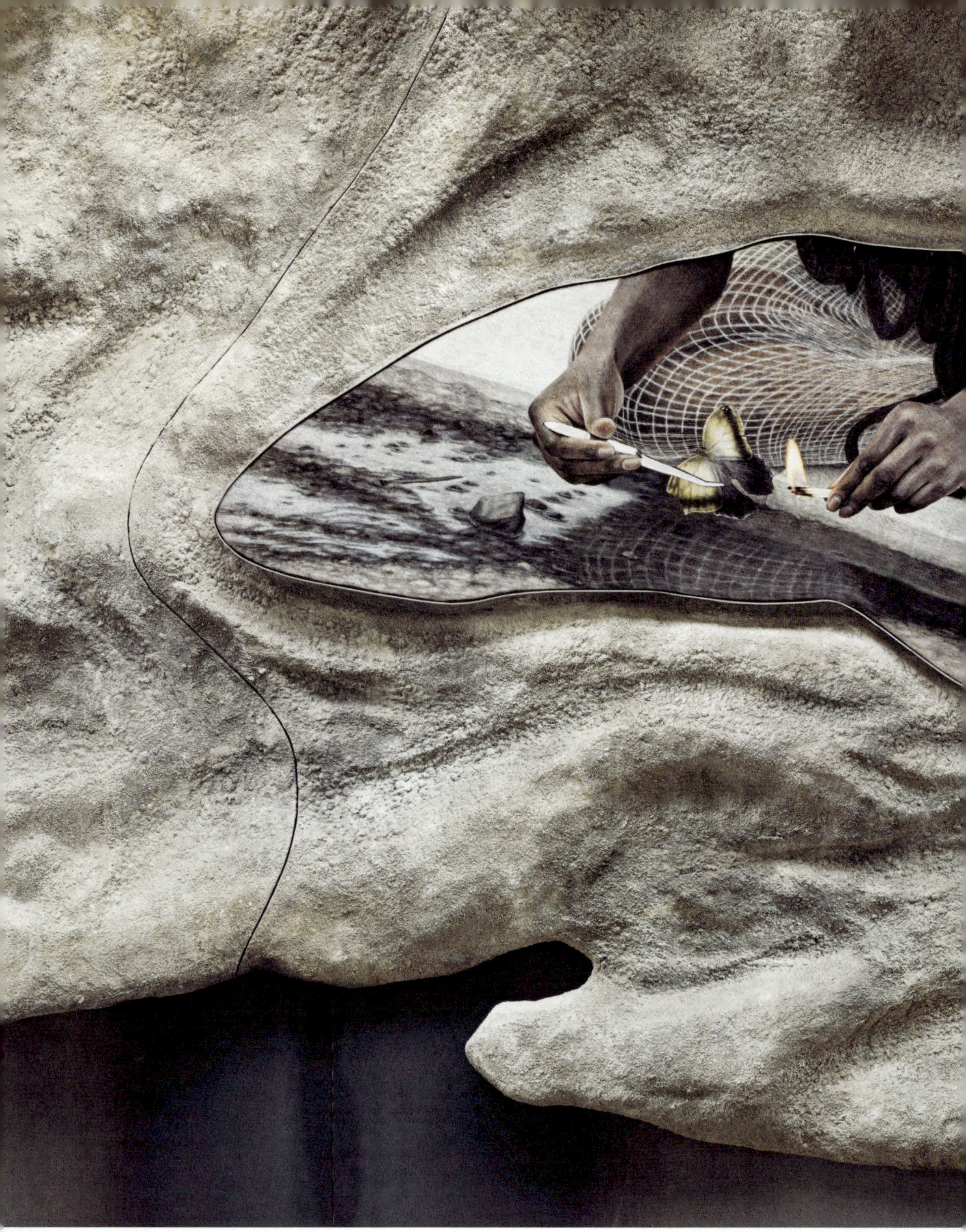

Klára Hosnedlová. embrace, Ausstellungsansicht / exhibition view
Hamburger Bahnhof – Nationalgalerie der Gegenwart, Berlin, 2025

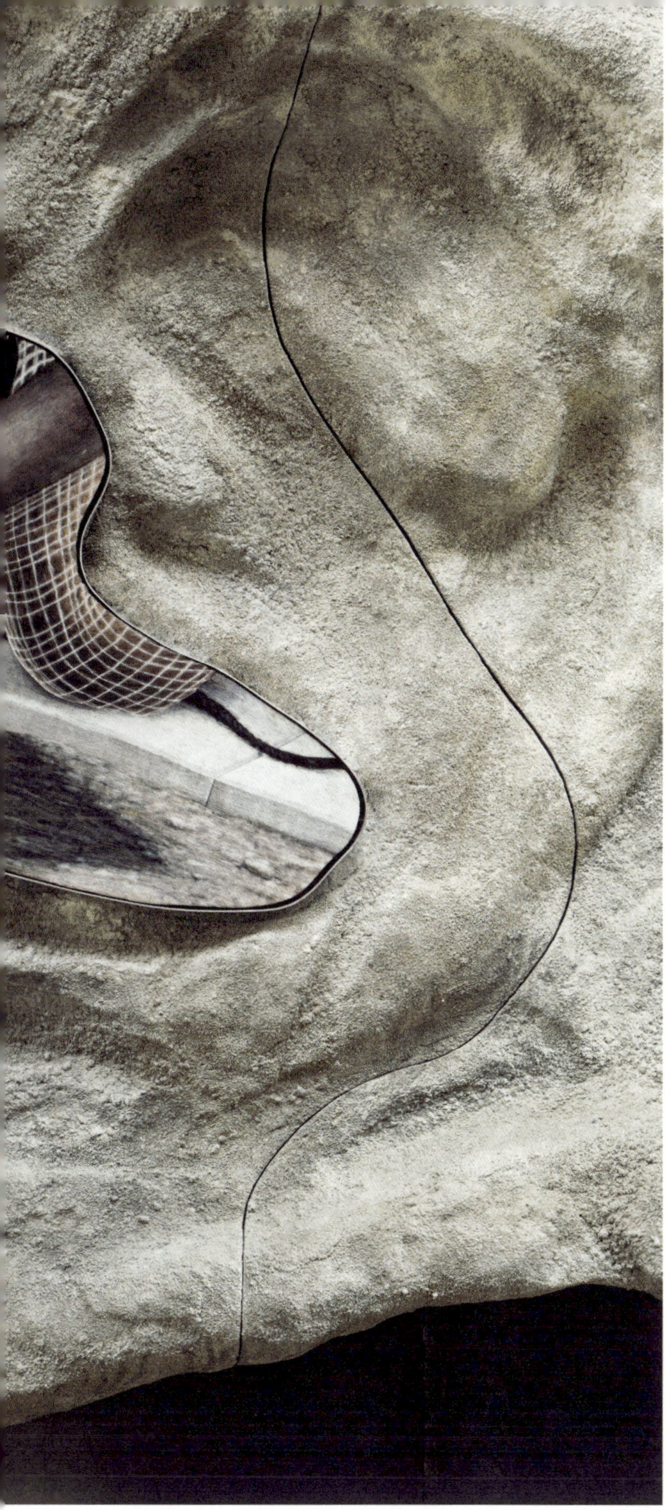

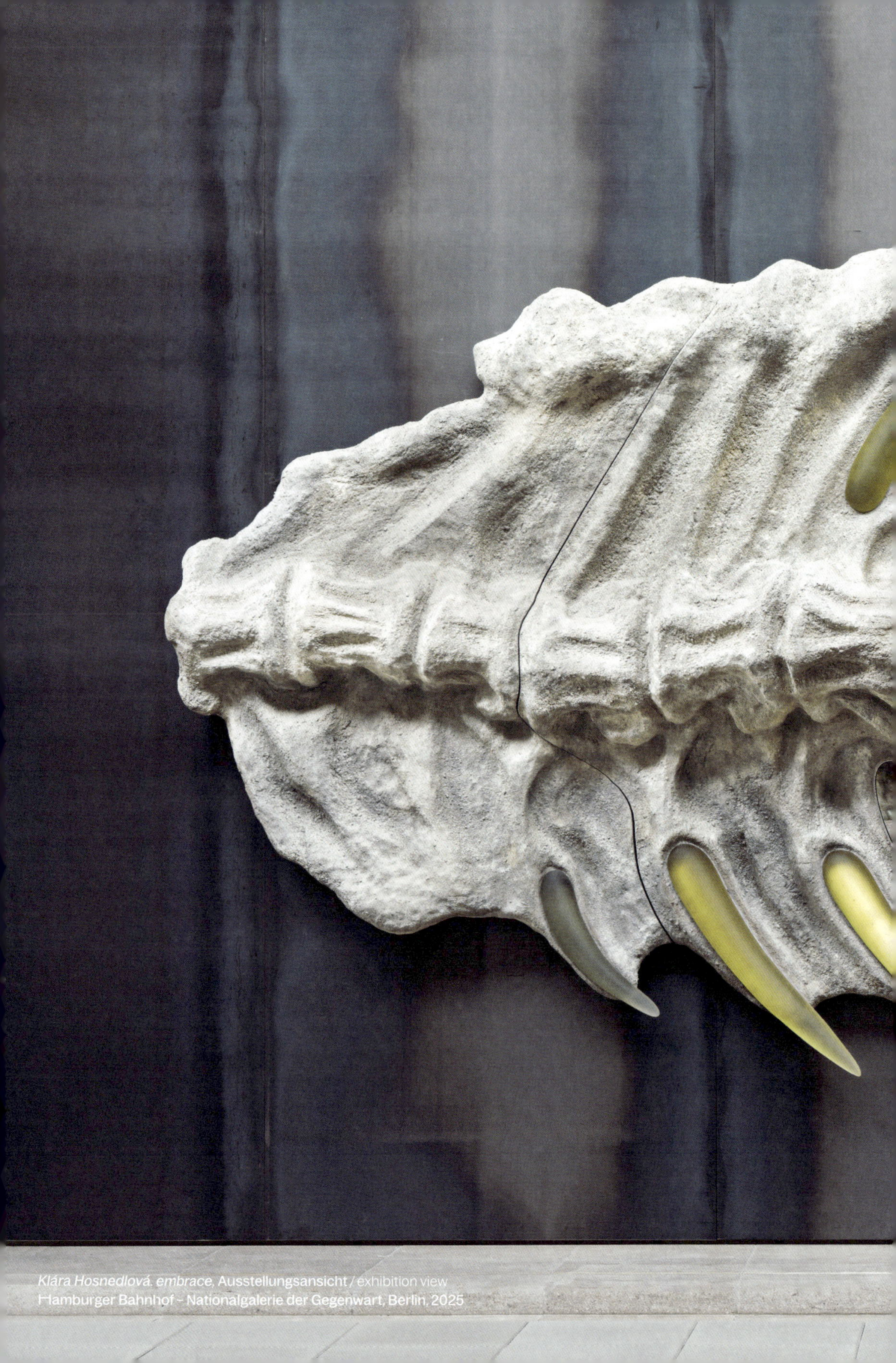

Klára Hosnedlová. embrace, Ausstellungsansicht / exhibition view
Hamburger Bahnhof – Nationalgalerie der Gegenwart, Berlin, 2025

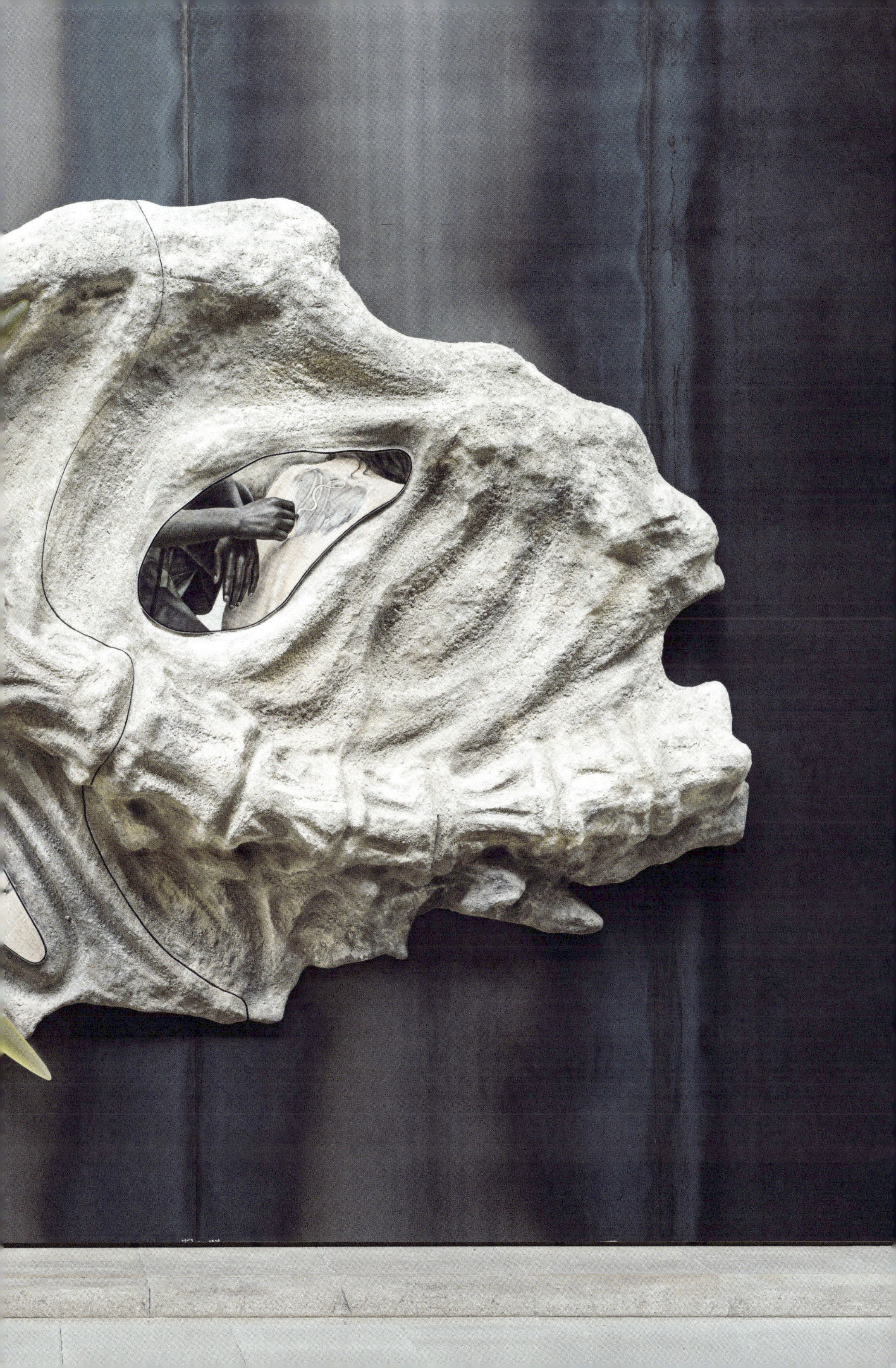

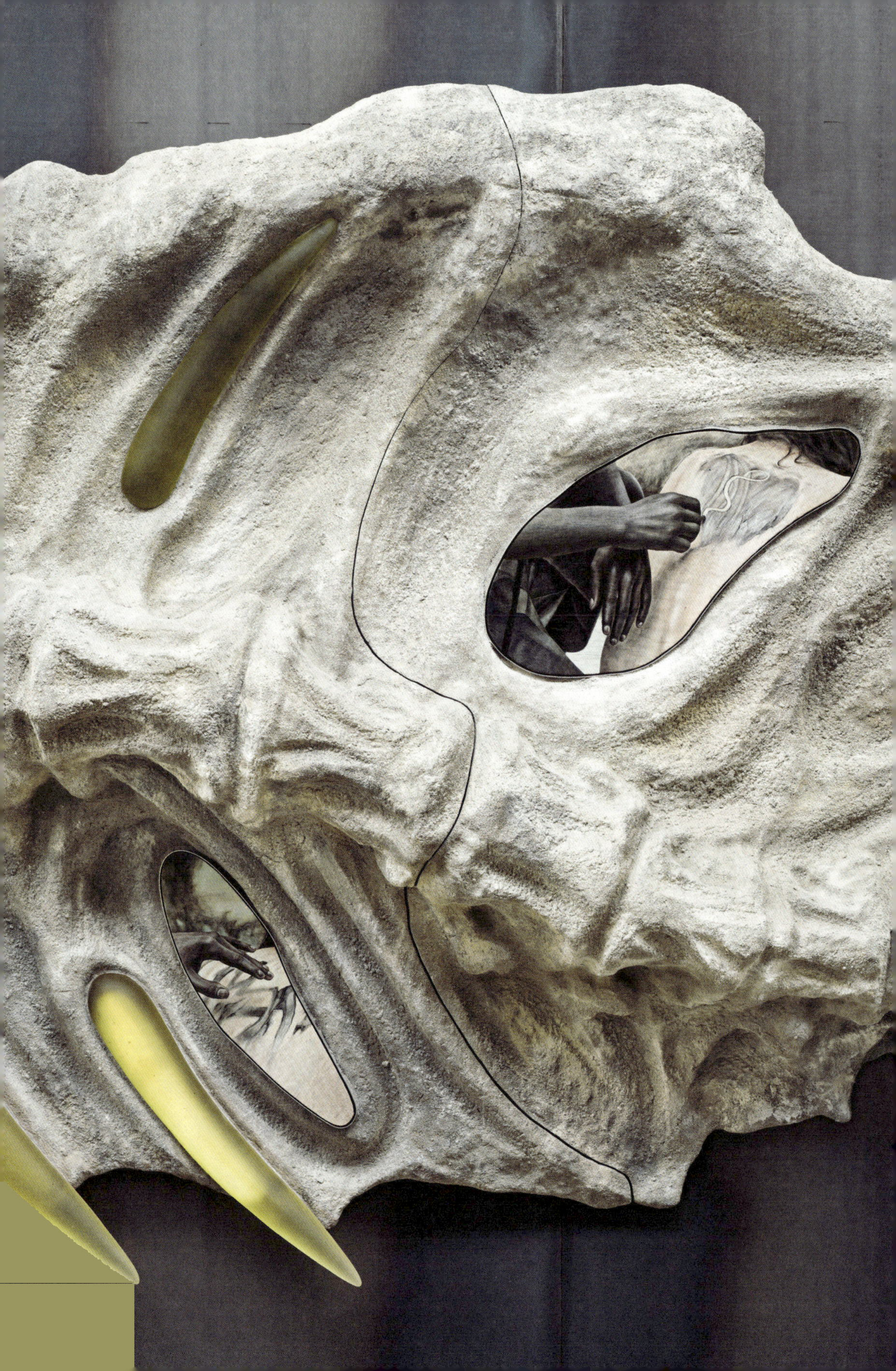

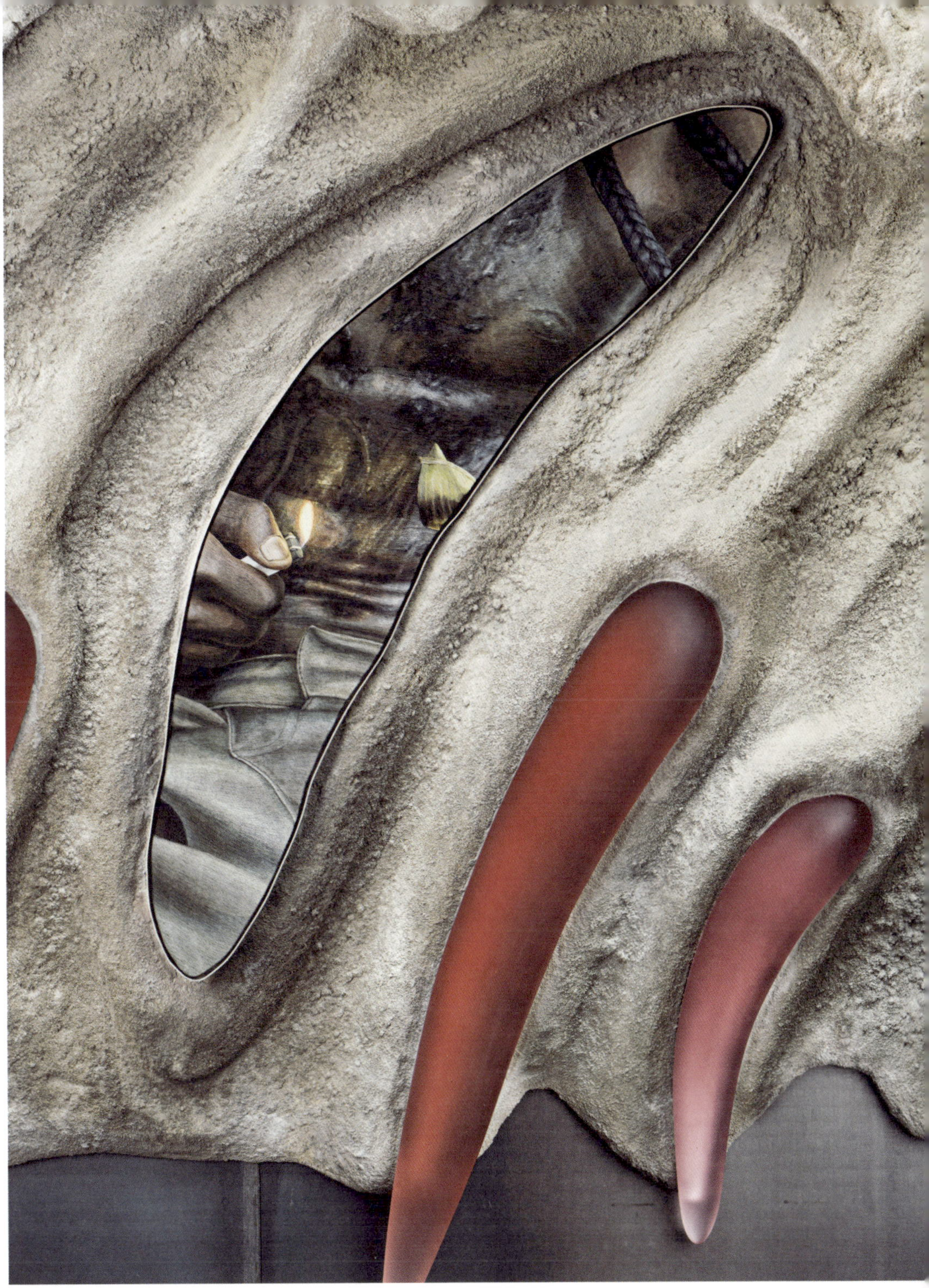

Klára Hosnedlová. embrace, Ausstellungsansicht / exhibition view
Hamburger Bahnhof – Nationalgalerie der Gegenwart, Berlin, 2025

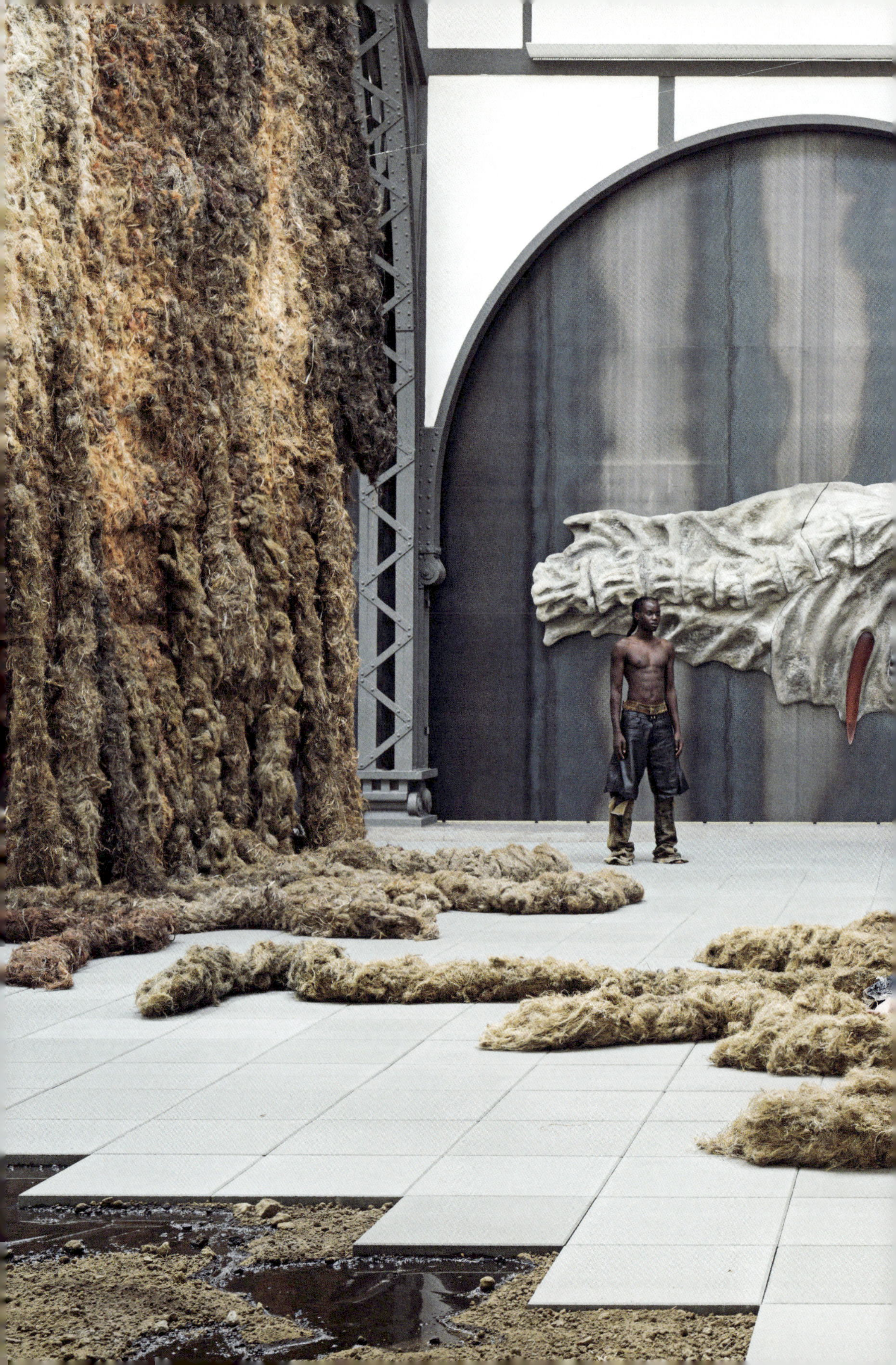

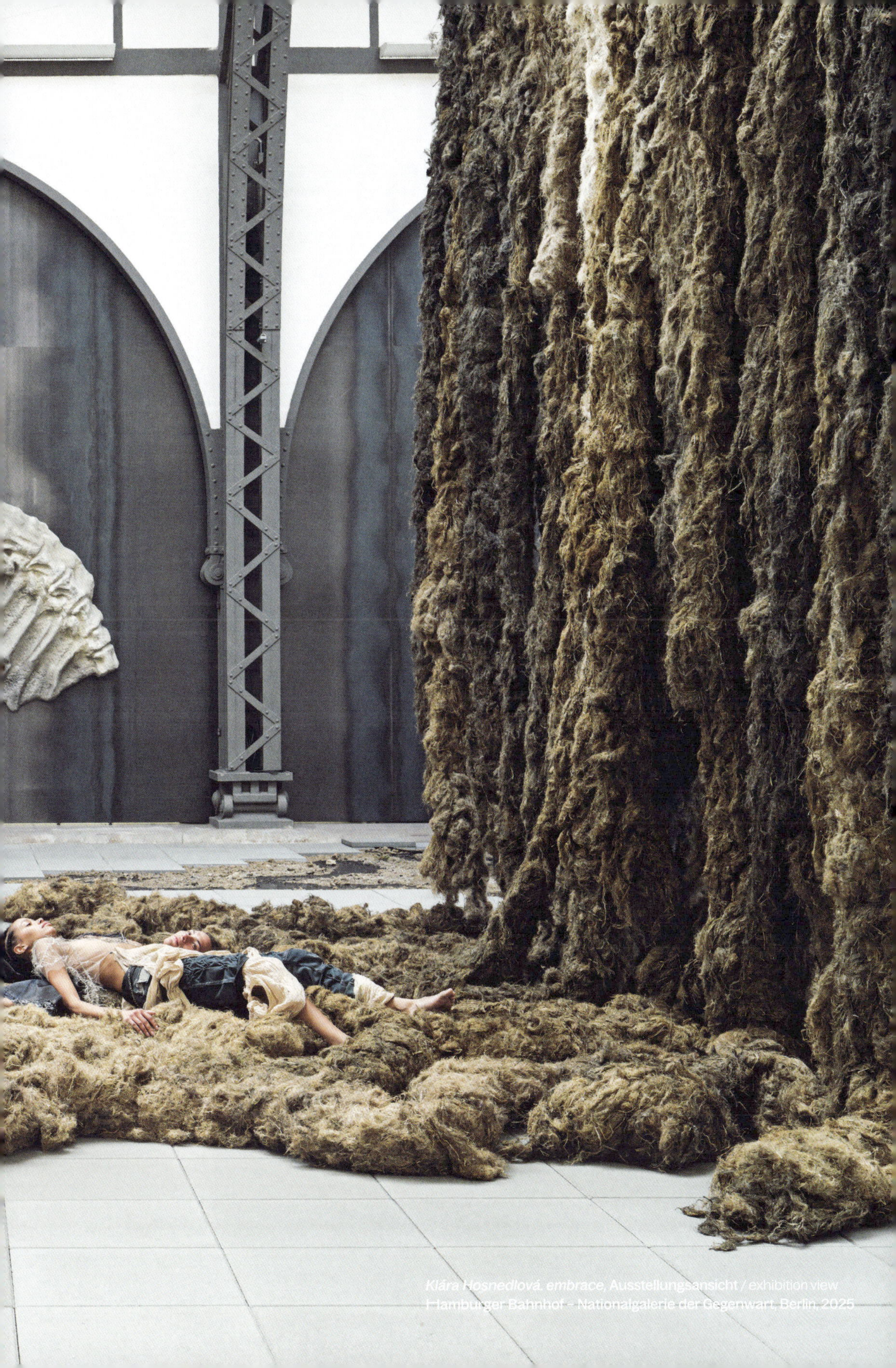

Klára Hosnedlová. embrace, Ausstellungsansicht / *exhibition view*
Hamburger Bahnhof – Nationalgalerie der Gegenwart, Berlin, 2025

Unvollendete Geschichte(n) / Unfinished Histories

Anna-Catherina Gebbers
im Gespräch mit /
in Conversation with
Klára Hosnedlová

Anna-Catharina Gebbers: Die Besucher*innen können deine Installation *embrace* erkunden, indem sie darin umherwandern. Das Werk ist ein eindrucksvolles Beispiel dafür, welche Wirkung ein Raum zu entfalten vermag und wie wandlungsfähig Architektur sein kann.

Klára Hosnedlová: Ich wollte in meinen Ausstellungen von Anfang an sinnliche Welten schaffen, in die das Publikum voll und ganz eintauchen kann. Die Architektur spielt für mich dabei eine wichtige Rolle; ich entwickele alle meine Installationen als ortsspezifische Reaktion auf den Ausstellungsraum. Ich habe mich immer dafür interessiert, wie sich Kunstwerke nahtlos in einen konkreten Kontext einfügen lassen, und dieses Interesse hat meine eigene künstlerische Praxis sehr beeinflusst. Ich konzipiere Installationen, die auf den Aus-

Anna-Catharina Gebbers: Your installation *embrace*, which invites visitors to walk through it, is an impressive commentary on the effect of space and the adaptability of architecture.

Klára Hosnedlová: I have always wanted to create exhibitions as sensual environments that viewers can immerse themselves in. Architecture plays a major role for me in this: my installations are designed site-specifically in response to the

stellungsraum Bezug nehmen und auf seine Geschichte reagieren. Meine eigenen skulpturalen Objekte, Stickerei-Arbeiten und Performances sehe ich dabei als zusätzliche erzählerische Schichten, die ich in das existierende Umfeld einbringe. In dieser Hinsicht ist meine künstlerische Praxis, die Arbeit mit großformatigen Skulpturen und Installationen, wie ein natürliches Resultat meines Interesses an Raum und dem Erleben von Raum. Über das Produzieren von einzelnen Kunstwerken hinaus geht es mir vor allem darum, die Situation des gegebenen Ortes zu analysieren und weiterzuentwickeln. Die individuellen Objekte – die Skulpturen, Stickerei-Arbeiten, mitunter auch Malereien – stellen Fragmente aus unterschiedlichen kulturellen Landschaften dar. Ungeachtet der Rolle, die es innerhalb der Gesamtinstallation spielt, ist jedes Objekt ein in sich geschlossenes Werk, aber dennoch sind alle Komponenten und die verschiedenen Disziplinen in Bezug zueinander gesetzt.

ACG: Dein Interesse an Architektur – nicht nur formal, sondern auch an den Geschichten, die mit architektonischen Gebäuden verbunden sind – zeigt sich auch in deiner Installation *embrace* im Hamburger Bahnhof. Die ursprüngliche Bahnhofshalle wurde zwischen 1846 und 1847 erbaut, zur Zeit der zunehmenden Industrialisierung. Für nahezu vierzig Jahre fungierte sie als Endbahnhof für den Eisenbahnverkehr zwischen Berlin und Hamburg. Nachdem die Bahnlinie ab Januar 1884 abschnittsweise nationalisiert und der Personen- und Güterverkehr auf den Lehrter Bahnhof (an dessen Stelle heute der Berliner Hauptbahnhof steht) verlagert worden war, wurde der Hamburger Bahnhof im Oktober 1884 stillgelegt und die Bahnhofshalle abgerissen. 1906 zog das Königliche Bau- und Verkehrsmuseum hier ein. Dafür wurde ein neues Gebäude errichtet, das mit seinen gewaltigen Fachwerkbögen aus Eisenträgern die deutsche Ingenieurskunst zur Zeit der fortschreitenden Industrialisierung demonstrieren sollte und heute

exhibition space. I have always been interested in how artworks can be seamlessly integrated into a specific context, and this interest has influenced my own artistic practice. I create installations that respond and relate to the exhibition space and its history to which I add my own sculptural works, embroideries and performances as additional narrative layers. In this respect, my artistic practice of working with large-scale sculptures and installations is the organic result of my interest in and experience with space. Instead of producing individual works of art, I feel the need to analyse and develop a situation.

The individual objects are like fragments from different cultural landscapes – the sculptures, embroideries, sometimes also paintings. Each object is a self-contained work, and regardless of their role within the overall installation, all elements and disciplines resonate with each other.

ACG: Your interest in architecture – both formally and in terms of the stories it carries – is also reflected in your installation *embrace* at Hamburger Bahnhof. The original station concourse was built between 1846 and 1847, in the era of increasing industrialisation. For almost forty years, it functioned as a terminus station for the railway connection between Berlin and Hamburg. After the line was nationalised in sections starting in January 1884, and passenger and freight traffic were transferred to Lehrter Bahnhof (where Berlin Central Station stands today), Hamburger Bahnhof was closed down in October 1884 and the station concourse demolished. In 1906, the Royal Building and Transport Museum (Königliches Bau- und Verkehrsmuseum) moved into the building. The architecture, which today looks like a former station concourse and was intended to demon-

wie eine historische Bahnhofshalle anmutet. Wie hat die spezifische Architektur deine Arbeit *embrace* beeinflusst?

KH: Ich interessiere mich für architektonische Gebäude, die gesellschaftliche Umbrüche und Veränderungen spiegeln. Meine Performances, die ich für die Kamera inszeniere, finden daher häufig im Kontext der Architektur der Moderne und vor allem der Bauten aus den 1970er- oder 1980er-Jahren statt. Ich wurde 1990 geboren, ein Jahr nach dem Zerfall der Sowjetunion und der Demokratisierung der Tschechischen Republik, daher hat die Schwere dieser Zeit keine direkten Spuren in meiner Erinnerung oder meinem Körpergedächtnis hinterlassen. Mich interessiert diese Zeit, ihre utopische Energie und die gescheiterte Ideologie. Allerdings betrachte ich den Stil der Epoche aus der Distanz und aus einer rein ästhetischen Perspektive. Für mich öffnet sich diese Architektur meinen eigenen Ideen und Geschichten. Und insbesondere unter den Gebäuden aus der Zeit des Sozialismus findet man eine ganze Reihe großartiger Bauten von Architekt*innen, die versucht haben, frei zu arbeiten, obwohl freie Kunst kaum existierte.

Abgesehen davon ist ein Bahnhof ein starkes Symbol in einer postindustriellen Gesellschaft – als Ort, an dem die Reisen von Menschen beginnen und enden. Aufgrund der Originalfunktion des Gebäudes erweckt die Architektur der Historischen Halle des Hamburger Bahnhof intuitiv den Wunsch, an andere Orte zu reisen, und sie löst verschiedene Bilder und Assoziationen aus; man beginnt vielleicht, über freiwillige oder unfreiwillige Migration nachzudenken oder über die Möglichkeit oder Unmöglichkeit, in die Heimat zurückzukehren. Die kalte industrielle Bahnhofsarchitektur scheint in krassem Gegensatz zu den Gedanken und Erinnerungen der Reisenden zu stehen, die von ihren Heimatländern und ihrer natürlichen Umgebung träumen und die diese Landschaften vielleicht allenfalls aus einer anderen Zeit in Erinnerung haben, als Realitäten einer Kindheit, die nie zurückkehren wird.

strate the German art of engineering with its mighty trusses made of iron girders during the phase of high industrialisation in Germany, was created for this purpose. How did the specific architecture flow into your work *embrace*?

KH: I am interested in architecture that reflects social upheavals and changes. I therefore stage my performances for the camera in modernist architecture, but also in architecture of the 1970s and 1980s.

I was born in 1990, one year after the collapse of the Soviet Union and the democratisation of the Czech Republic. Therefore, the gravity of this period is not inscribed in my physical or bodily memory. I am interested in this era, the utopian energy and the failed ideology. However, I look at the style of this period from a distance and from an aesthetic perspective: for me, this architecture opens itself up to my own ideas and stories. And among the buildings from the socialist era in particular, there are a whole series of great works by architects who tried to work freely, even though there was hardly any free art.

Apart from that, a railway station is a strong symbol of a post-industrial society, a place where human journeys begin and end.

Through the original function of the building, the architecture of Hamburger Bahnhof's historic hall intuitively inspires the urge to move somewhere, evoking images and concepts such as voluntary and involuntary migration, the possibility and impossibility of returning to one's home.

The cold industrial architecture of the train station seems to contrast with the travellers' thoughts and memories, dreaming of

ACG: Mit *embrace,* deiner bislang größten Einzelausstellung und Installation, hast du eine bemerkenswert komplexe und kohärente Konstellation von Arbeiten geschaffen. Dein ganzes Know-how auf so unterschiedlichen Gebieten wie Skulptur, Performance, Kunsthandwerk, Design, Mode, Musik und Geschichte ist in dieser Präsentation gebündelt.

KH: In meiner Praxis habe ich von Anfang an in einer Vielzahl von Disziplinen gearbeitet. Meine spezifische Bildsprache manifestiert sich nicht nur in Installationen, sondern ich entwickele auch Performances, entwerfe Kostüme, befasse mich mit Sound... Im weitesten Sinne hat dieser Ansatz für mich etwas von der Idee eines Gesamtkunstwerks, wobei die verschiedensten Aspekte zu einer einzigen Vision verschmelzen und alle Elemente, alle Disziplinen miteinander verbunden sind.

Ich habe kein Problem damit, das Wort „ambitioniert" in einem Kontext zu verwenden, den man zudem mit Fragilität und Intimität assoziieren kann. Bei der Konzeption dieser Ausstellung ging es mir darum, etwas wirklich Großes zu erschaffen; etwas, das die Besucher*innen in den Bann zu ziehen vermag. Ich wollte mit organischen Materialien wie Flachs oder Erde und Stein arbeiten, um etwas zu schaffen, das beinahe lebendig wirkt, etwas, das man gern umarmen oder betreten würde.

Ich interessiere mich auch für handwerkliches Können, traditionelle Produktionsweisen und mündlich überliefertes Wissen. Historisch und ästhetisch gehen diese Verfahren mit ihren eigenen Erinnerungen einher, und ich hoffe, die Betrachter*innen tauchen dadurch emotional und intuitiv tiefer in die Arbeit ein.

ACG: Deine Tapisserien bestehen hauptsächlich aus Flachs und Hanf. Bereits im Mittelalter war Böhmen eine wichtige Region für den Anbau und die Verarbeitung von Flachs. In der Folge wurde der Flachsanbau, das Spinnen der Garne und das Weben von Leinen immer mehr zu einem zentralen Sektor der regionalen

one's homeland and its natural environment, maybe remembering these landscapes from another time, a childhood's reality that will never come back.

ACG: With *embrace*, your largest solo exhibition and installation to date, you have created a remarkably complex and coherent body of work. It incorporates your knowledge in areas such as sculpture, performance, craft, design, fashion, music and history.

KH: From the very beginning of my practice, I have been working with a multitude of disciplines: I not only use a specific visual language to create installations but I also play with performance, I design costumes, sound... I guess this approach is very similar to the idea of the *Gesamtkunstwerk* [total work of art], in which all aspects of the work merge into one vision, where all elements, all disciplines are connected to one another.

I am not afraid of using the word 'ambitious' in a context where it is associated with something fragile and intimate. In conceiving this exhibition, I wanted to create something really big that would draw the visitor into the story, and that, being composed of organic materials such as flax or earth and stone, would almost become something alive that you want to hug or step into.

I am also interested in craftsmanship, traditional manufacturing methods and oral transfers of knowledge. The history and aesthetics of those bring their own memories and hopefully immediately impact the viewer on an emotional and intuitive level.

Wirtschaft.[1] Die erste Flachsspinnmaschine wurde zur Zeit der Industrialisierung in Böhmen gebaut: Der Leinenproduzent Johann Faltis in Mladé Buky (damals: Jungbuch) setzte sie ab 1836 in seiner Firma ein.[2] In deiner Arbeit trifft die Tradition auf die futuristische Architektur der 1970er- und 1980er-Jahre. Wie findest du die Bezüge, die in deiner Arbeit aufscheinen?

KH: Ich recherchiere und befasse mich viel mit alten Techniken und historischem Wissen. Dann suche ich Kooperationspartner*innen, die mir helfen können, diese Techniken in meine Arbeit zu integrieren. Dabei verflechte ich unterschiedliche Einflüsse und Zeitschienen, sodass die künstlerischen Arbeiten nie ein tatsächliches historisches Artefakt imitieren, sondern vielmehr unterschiedliche potenzielle Szenarien und Zeiten umfassen und ihre eigene Geschichte erzählen.

Die Tapisserien beispielsweise werden aus Flachs und Hanf hergestellt. Die Materialien stammen aus der letzten noch verbliebenen Leinenfabrik der Tschechischen Republik. Wir verwenden den Flachs in relativ unverarbeiteter Form und arbeiten mit der natürlichen Faser, statt mit dem textilen Material. Die Fasern werden ausschließlich von Hand verwebt, um ihrer augenscheinlichen Rauheit die anspruchsvolle Struktur einer Tapisserie zu verleihen – in einem Prozess, der Stunden von Handarbeit erfordert. Bei diesen künstlerischen Arbeiten arbeite ich mit dem Gobelin- und Textilstudio WNOOZOW in der Slowakei zusammen, die dafür bekannt sind, das kulturelle Erbe in der Region lebendig zu erhalten und gleichzeitig neue Technologien und ökologische Methoden zu entwickeln.

ACG: Woher stammen die Vorlagen für die Fossilien, die in die großen, im Ausstellungsraum verteilten Sandsteinskulpturen eingebettet sind?

KH: Ich zeichne die Formen meiner Skulpturen immer zuerst von Hand. In diesem Fall wollte ich sie an prähistorische Fossilien erinnern

ACG: Your tapestries are mainly made of flax and hemp. In the Middle Ages, Bohemia was one of the most important areas for cultivating and processing flax. As a result, flax cultivation, yarn spinning and linen weaving became an important part of the regional economy.[1] In the age of industrialisation, the first flax spinning machine was built in Bohemia: linen producer Johann Faltis used it in Mladé Buky (then: Jungbuch) from 1836.[2] In your work, tradition meets the futurism of 1970s and 1980s architecture. How do you find the references that you work with?

KH: I do a lot of research into both old techniques and historical knowledges. Then I look for collaborators who can help me by incorporating these techniques into my works, but I always blend influences and timelines so the artworks never end up mimicking an actual historical artefact but rather embrace several possible scenarios, several eras, bring their own story to the surface.

The tapestries, for example, are made of flax and hemp, which comes from the last remaining linen factory in the Czech Republic. We are using flax as a pretty much unprocessed plant, working with the natural fibre instead of the textile. It is then woven entirely by hand, giving its apparent rawness the rather sophisticated texture of a tapestry – a process that requires hours of manual labour. For these artworks in particular, I collaborate with the Gobelin and textile studio WNOOZOW in Slovakia, which is known to preserve the cultural heritage of textile production in the region, at the same time as developing new technologies and ecological methods.

lassen, ohne deutlich zu machen, von welchen Lebewesen sie stammen könnten. Die fragmentierten Skelette wie auch die Art Stein, aus dem die Skulpturen gemacht sind, sollen nicht identifizierbar sein. Ihre Präsenz manifestiert sich als etwas, das man als Faszination für das Erinnern als solches beschreiben könnte. Sie sind materielle Hinweise auf Leben aus einer uralten Vergangenheit, das sich aus unbekannten Gründen an einem unvorhersehbaren Ort ganz plötzlich wieder bemerkbar macht.

ACG: Es hat mir großen Spaß gemacht, mich durch dich nochmals intensiv mit der Tschechoslowakischen Neuen Welle beschäftigen zu können. Du hast mir insbesondere zwei Filme ans Herz gelegt: *Markéta Lazarová*[3] und *Das Tal der Bienen*[4]. *Markéta Lazarová* basiert auf dem 1931 erschienenen gleichnamigen Roman von Vladislav Vančura, einem Gründungsmitglied der avantgardistischen Gruppe Devětsil, die 1920 ins Leben gerufen wurde und sich der proletarischen Kunst, dem magischen Realismus und Poetismus in Böhmen und Mähren widmete. Die in experimenteller Prosa aus einer auktorialen Erzählperspektive geschriebene Geschichte spielt in der Nähe von Mladá Boleslav in einer nicht

1 Vgl. Hermann Zeitlhofer, „Flachs und die lokale Ökonomie. Arbeitsbeziehungen und das Agrosystem im südlichen Böhmerwald (17. bis 19. Jahrhundert)“ in: Rita Garstenauer, Erich Landsteiner & Ernst Langthaler (Hg.), *Land-Arbeit: Arbeitsverhältnisse in ländlichen Gesellschaften Europas (17. bis 20. Jahrhundert)*, Innsbruck: StudienVerlag, 2008, S. 20–35, hier S. 20.

2 ohne Autor*innenangabe, „Wirtschaftliche Entwicklung“, Heimatkreis Braunau/Sudetenland e.V., https://www.heimatkreis-braunau.de/seite/670543/wirtschaft.html, zuletzt abgerufen am 8. Januar 2025.

3 František Vláčil (Regie), ders., (Drehbuch, nach einem Roman von Vladislav Vančura), Tschechische Republik (damals Tschechoslowakei), 1967, 165 Min., schwarzweiß, 35mm.

4 Tschechisch: *Údolí včel*, František Vláčil (Regie), ders. & Vladimír Körner (Drehbuch, nach einem entstehenden Roman von Vladimír Körner), Tschechische Republik (damals Tschechoslowakei), 1967, 97 Min., schwarzweiß, 35mm.

ACG: Where do the templates for the fossils that are embedded in the large sandstone sculpture spread throughout the exhibition space come from?

KH: I always draw the shapes of my sculptures by hand. If, this time, I've drawn them thinking of prehistorical fossils, it isn't obvious which creatures they come from.

The fragmented skeletons, as the type of stone the sculptures are composed of, aren't identifiable here. Their presence is manifested through what could be described as the fascination for memory itself, as the undeniable and material proof of an ancient past that suddenly comes back to the surface for an unknown reason in an unknown location.

ACG: I was very pleased to immerse myself once again in the Czechoslovak New Wave through you. You recommended two films in particular: *Markéta Lazarová*[3] and *The Valley of the Bees*[4]. *Markéta Lazarová* is based on the novel of the same name published in 1931 by Vladislav Vančura, a founding member of the avantgarde

1 Cf. Hermann Zeitlhofer, "Flachs und die lokale Ökonomie. Arbeitsbeziehungen und das Agrosystem im südlichen Böhmerwald (17. bis 19. Jahrhundert)" in: Rita Garstenauer, Erich Landsteiner & Ernst Langthaler (eds.), *Land-Arbeit: Arbeitsverhältnisse in ländlichen Gesellschaften Europas (17. bis 20. Jahrhundert)*, Innsbruck: StudienVerlag, 2008, pp. 20–35; 20.

2 No author, "Wirtschaftliche Entwicklung", Heimatkreis Braunau/Sudetenland e.V., https://www.heimatkreis-braunau.de/seite/670543/wirtschaft.html, last accessed on 8 January 2025.

3 František Vláčil (dir.), idem (screenplay, based on a novel by Vladislav Vančura), Czech Republic (then Czechoslovakia), 1967, 165 min., b&w, 35mm.

4 Czech: *Údolí včel*, František Vláčil (dir.), idem and Vladimír Körner (screenplay, based on a novel-in-progress by Vladimír Körner), Czech Republic (then Czechoslovakia), 1967, 97 min., b&w, 35mm.

spezifizierten Vergangenheit und setzt sich auf poetische Weise mit den Sehnsüchten der Gegenwart auseinander. Der Film *Markéta Lazarová* von František Vláčil übersetzt den Roman in eine diskontinuierliche Folge fragmentierter Bilder. Wir nehmen eine Umgebung aus einer Vielzahl an subjektiven Sichtweisen wahr, in der das Subjekt hilflos, suchend, exponiert erscheint. Die Kamera hält nie inne, in einer kontinuierlichen Bewegung erkämpft sie sich ihren Weg durch dichtes Unterholz und stellt die Welt aus den ungewöhnlichsten Perspektiven dar. Majestätische Landschaftsbilder voller symbolischer Anspielungen wechseln sich mit wilden Hand-Kamerabildern und schrägen Blickwinkeln ab. Die Einstellungen alternieren zwischen der Tiefe eines Orson Welles und einem reduzierten Minimalismus wie bei Robert Bresson. Auf Actionszenen folgen lyrische, zauberhafte Passagen, auf Gewalt folgt raue Schönheit, auf Grausamkeit Erotik. In der Musik von Zdeněk Liška verbinden sich Chorgesänge mit elektronischen Klängen. Der Film spielt in seinem gesamten Verlauf mit der visuellen und akustischen Orientierung und ist auf eine Stufe mit Andrei Tarkowskis halluzinogenen und doch atmosphärisch kühlen visuellen Reisen zu stellen.

Das Tal der Bienen wurde in dem gleichen Setting produziert. Die Handlung dreht sich um Entfremdung und den Wunsch, die Planbarkeit eines geradlinig verlaufenden Lebens mit der Sehnsucht, den eigenen Gefühlen zu folgen, zu vereinbaren. Um diese Themen zu erforschen, setzte Vláčil sich und sein Team vorsätzlich der unbarmherzigen böhmischen Landschaft aus. Für Monate hielten sie sich abseits der urbanen Zentren in Gegenden auf, die für Menschen höchst unwegsam sind. Ich entdecke gewisse formale Ähnlichkeiten zwischen diesen filmischen Mitteln und deinem Umgang mit den Skulpturen in *embrace,* insbesondere darin, wie du die skulp-

group Devětsil, which was founded in 1920 and dedicated itself to proletarian art, magical realism and poetism in Bohemia and Moravia. The plot, written in experimental prose with an authorial narrator, is set near Mladá Boleslav in a non-concrete past and poetically refers to desires in the present.

The film *Markéta Lazarová* by František Vláčil translates the novel into a multi-perspective disruption of subjectively fragmented images of an environment in which the subject is helpless, searching, exposed. The camera never stands still, fighting its way through undergrowth and capturing the world from unusual angles. Majestic landscape tableaux full of symbolism alternate with wild hand-held camera images and unusual perspectives. The shots oscillate between the depth of Orson Welles and the flatness and narrowness of Robert Bresson. Action scenes alternate with lyrical, enchanted passages, violence with raw beauty, cruelty with eroticism. The score by Zdeněk Liška combines choral singing with electronic sounds. The film plays with visual and acoustic orientation throughout and is on a par with Andrei Tarkovsky's hallucinatory yet atmospherically cold visual journeys.

Valley of the Bees was made in the same setting. The plot revolves around alienation and the subsequent search for a balance between a straightforwardly planned life path and the desire to live through feelings. In order to explore this, Vláčil deliberately exposed himself and his team for months to the roughness of the Bohemian landscape beyond urban centres and in areas that are sometimes impassable for humans.

I see similarities in these formal filmic means and the sculptural means in *embrace* and the use of these sculptural aspects in the installation to explore a balance between concept and emotion.

turalen Elemente in deiner Installation verwendest, um die Wechselbeziehung zwischen Konzept und Gefühl zu erforschen. Wie sehr hat dich das filmische Sehen und Denken beeinflusst, zum Beispiel in deiner ‚Montage' der delikaten, weichen Oberflächen der Stickereien mit der rauen, groben Materialität der Tapisserien oder der Härte des Sandsteins?

KH: Ich denke, der Umgang mit der Kamera und die Kunst des Filmschnitts haben mich inspiriert, Ausstellungen als Geschichten zu sehen, die aus vielen Schichten und parallelen Erzählungen bestehen. Die Installation hier in der Historischen Halle, zum Beispiel, sehe ich als langsamen Schwenk über eine Landschaft mit vielen Facetten, in denen sich Erinnerungen, Ideen oder unvollendete Geschichte(n) spiegeln. Das abgenutzte, triste Straßenpflaster in meinem Dorf, Pfützen, Wald und das langsame Verfließen der Zeit. Die Sandsteinskulpturen fungieren als Speicher, in denen meine Gedanken archiviert werden. Die Tapisserien stehen für die Symbiose zwischen menschlicher Arbeit und der sie umgebenden Natur. Der Bahnhofshalle mit ihrer besonderen Architektur sind alle nur erdenklichen Symbole für Aufbruch und Heimkehr eingeschrieben. Die Erde unter unseren Füßen, das ultimative Symbol für Heimat, schärft unser Bewusstsein für die eigenen Ursprünge und die Entstehung menschlicher Gemeinschaften. Der Erdboden ist der Sonne und dem Regen unterstellt, doch seit wir Menschen gelernt haben, ihn zu kultivieren, haben wir immer um ihn gekämpft, ihn in Besitz genommen, ihn nach unseren Vorstellungen verändert.

In diesem Szenario ist die Natur noch präsent, wurde aber von der Zivilisation bereits transformiert. Sie ist in Anklängen noch erhalten, ihre Schönheit strahlt trotz (oder dank?) ihrer verwandelten Erscheinung, aber der vielleicht stärkste Ausdruck ihrer Pracht ist die Kraft der emotionalen Verbundenheit, das Prisma der Erinnerungen, durch die wir sie sehen und deuten. Hier zeigt sich der vielleicht beste Weg, den Einfluss zu beschreiben, den Filme auf die Konzeption der

How much has filmic seeing and thinking influenced you, for example the "montage" of the delicate, soft surfaces of the embroideries and the rough, coarse surfaces of the tapestries or hard materials such as sandstone?

KH: I guess cinematography and the art of editing inspired me to think of an exhibition as a story with many layers and parallel narratives.

Here, for example, I see the whole installation in the historic hall as a slow shot across a landscape whose many details reflect memories, ideas or unfinished stories.

The old monotonous pavement of my village, puddles, woods and a slow flow of time. The sandstone sculptures serve as a database in which my thoughts are automatically stored. The tapestries are a natural symbol of the connection between human labour and the surrounding nature. In the hall of a railway station all symbols of departure and return grow within and towards its architecture. The soil itself, the ultimate symbol of one's homeland, reminds us of our origins and the development of human societies. The soil belongs to the sun and the rain, but ever since we as humans have learnt to cultivate the soil, we have been fighting for it, appropriating it, modifying it.

In this scenario, nature is still present but it has already been transformed by civilisation. It is reminiscent, its beauty still shines despite (thanks to?) its alteration, but maybe the strongest element in its glory is the power of the emotional attachment, the prism of memory through which it is seen and interpreted.

Ausstellung hatten: Die rauen und realen Elemente sind immer Teil einer Metamorphose, die sich entweder bereits vollzogen hat oder die das Resultat einer Interpretation der Betrachter*innen ist, durch ein unsichtbares Kameraobjektiv gefiltert.

ACG: Wir haben uns die Gesten und Posen in den zwei oben erwähnten Filmen angeschaut, als es darum ging, Bilder für deine Performances, die du für die Kamera inszenierst und auf die du deine Stickerei-Arbeiten basierst, zu finden. Die Motive in den Stickereien zeigen oft Details von Personen und wie diese mit den Werkzeugen umgehen; sie wirken weniger wie individuelle Porträts als vielmehr wie Porträts einer Gemeinschaft. Aus welchem Grund sind die Gesichter nicht zu erkennen?

KH: Ich kommentiere die Gesellschaft mithilfe von visuellen Schlüsseln, die uns vertraute, oftmals banale Situationen aus unserem Alltag in Erinnerung rufen sollen. Beispielsweise ist in den Stickereien dargestellt, wie jemand ein Objekt benutzt, das uns allen bekannt ist, etwa ein Smartphone, ein Streichholz oder eine UV-Taschenlampe; nur der Kontext, in dem die Objekte verwendet werden, bleibt dabei ein Rätsel. Indem ich die individuellen Merkmale der Person und des Gegenstandes bewusst außer Acht lasse, lenke ich die Aufmerksamkeit auf die Figur als solche und hoffe auf einen Wiedererkennungseffekt. Ich will erreichen, dass die Situation in den Betrachter*innen widerhallt und Empathie erzeugt.

Dieser Widerspiegelungseffekt ist auch formal gegeben, denn die Bilder sind in einem hyperrealistischen Stil gezeichnet, was in krassem Gegensatz zu den eher mystisch wirkenden Aktionen selbst steht. In den Fotografien und Videos selbst, die ich in öffentlichen Räumen oder im Rahmen einer Ausstellung inszeniere, sind die Gesichter der Performenden zu sehen. Der Fokus liegt allerdings nicht auf den Personen selbst, sondern auf den Interaktionen mit ihrer Umgebung. Und für Aufnahmen, die nicht im Ausstellungsraum entstehen,

Here is maybe the best way to describe the influence films had on the conception of the show: the raw and real elements are always part of a metamorphosis that either already happened or that is the result of the viewer's interpretation, filtered through an invisible camera.

ACG: We also took a closer look at the gestures and poses in the two films mentioned above when it came to finding images for the performances for the camera that preceded the embroideries. The motifs in the embroideries often only show the people and how they handle the tools in detail, so they are less individual portraits than perhaps something more like a portrait of a community. Why are the faces not recognisable?

KH: I comment on society using visual keys that are meant to remind us of familiar, almost trivial situations within our everyday life. In this respect, the embroideries depict situations in which a person handles an object we recognise well, such as a smartphone, a match or a UV torch, except that we don't understand the context in which these objects are being used.

By deliberately ignoring the specifics of the person and the object, I focus on the figure as such and hopefully open the possibilities that this situation would find an echo within the viewer, evoke some empathy.

One could say that the mirroring effect is somehow also formal since the images are drawn in a hyper realistic style, contrasting with the mystification of the action itself.

The faces of the performers can therefore be seen in the photographs and videos of the performances, which I stage in public spaces or in the context of an exhibition. However, the focus is not on the people themselves, but on their interplay with their surroundings. For the shots taken outside the exhibition space, for

wähle ich häufig ein Setting, in dem die schon erwähnte Architektur der 1970er- und 1980er-Jahre eine Rolle spielt. Im Fall von *embrace* suchten wir beide beispielsweise nach öffentlichen Wasseranlagen aus dieser Zeit in Berlin.[5] Solche Orte sind immer ein Spiegel des gesellschaftlichen Kontexts, in dem sie entstanden sind und auch weiterhin existieren.

ACG: Abgesehen von der Tatsache, dass beide Wasser-Installationen eine brutalistische Ästhetik haben, war es dir bei den Foto- und Videoshootings wichtig, dass die Performenden ihre eigenen Reflexionen in den Wasseroberflächen sehen konnten. In formaler Hinsicht zeigt sich dieser Spiegeleffekt in *embrace* auch in den Epoxidharz-Pfützen: Flächen, die als horizontale Spiegel fungieren und den vertikalen Raum deiner Installation unendlich weit öffnen. In allegorischer Hinsicht bindest du auch die Flüchtigkeit des Moments und den Aspekt der Vergänglichkeit mit ein; Narziss schwindet dahin in sehnsüchtiger Liebe zu seinem eigenen Spiegelbild. Die frühkindliche autoerotische Entwicklungsphase, von Sigmund Freud nach Narziss benannt, dient der Herausbildung eines Bewusstseins für das eigene Selbst.[6] Laut Jacques Lacan schult das Erkennen des Vertrauten im Spiegel auch unsere Wahrnehmung des Fremden und anderen.[7] Und für Jean-Paul Sartre entsteht das Bewusstsein für das eigene Selbst erst im Sehen und Erkennen des anderen:[8] Wir brauchen die

example, I often choose the aforementioned architecture from the 1970s and 1980s. In the case of *embrace*, we both looked for fountains from this period in Berlin.[5] These places are always a reflection of the social contexts in which they were created and in which they continue to exist.

ACG: Apart from the fact that both water installations have a brutalist aesthetic, it was important to you that the performers could see themselves reflected in the water surfaces during the photo and video shoots.

Formally, this reflection also takes place in the epoxy puddles in *embrace*, whose surfaces form horizontal mirrors and open up the space of your installation vertically into infinity.

However, you also incorporate the allegorical impermanence and fleetingness of the moment: Narcissus dwindled away with longing in love with his own reflection. The infantile, auto-erotic developmental phase named after Narcissus by Sigmund Freud serves self-esteem.[6] According to Jacques Lacan, recognising the familiar and the familiar in the mirror trains our perception of the strange and the other.[7] And for Jean-Paul Sartre, self-awareness only arises through seeing and recognising the other:[8] we need others and the

5 Christophe Girot, *Sinkende Mauer*, 1997, Invalidenpark; Gerhard Schultze-Seehof, *Schultze-Seehof-Brunnen*, 1971, Alt-Tempelhof.

6 Vgl. Sigmund Freud, „Zur Einführung des Narzissmus“ (1914), Projekt Gutenberg, https://www.projekt-gutenberg.org/freud/kleine2/Kapitel9.html, zuletzt abgerufen am 8. Januar 2025.

7 Vgl. Jacques Lacan, „Das Spiegelstadium als Bildner der Ichfunktion [fonction du Je], wie sie uns in der psychoanalytischen Erfahrung erscheint“ in: ders., *Schriften I*, 3. Aufl., Weinheim / Berlin: Quadriga, 1991, S. 61–70.

8 Jean-Paul Sartre, *Das Sein und das Nichts*, Hamburg: Rowohlt, 1993, S. 457.

5 Christophe Girot, *Sinkende Mauer*, 1997, Invalidenpark; Gerhard Schultze-Seehof, *Schultze-Seehof-Brunnen*, 1971, Alt-Tempelhof.

6 Cf. Sigmund Freud, “Zur Einführung des Narzissmus” (1914), Projekt Gutenberg, https://www.projekt-gutenberg.org/freud/kleine2/Kapitel9.html, last accessed on 8 January 2025.

7 Cf. Jacques Lacan, “The Mirror Stage as formative of the function of the I as revealed in psychoanalytic experience” in: idem, *Écrit: A Selection*, New York / London: Norton, 1977, pp. 1–7.

8 Jean-Paul Sartre, *Being and Nothingness*, London: Routledge, 2018, p. 471.

anderen und die Gemeinschaft, um uns selbst zu definieren. Das Individuum und die Gemeinschaft sind eng miteinander verwoben. Selbstbetrachtung ist der Schlüssel, um uns anderen öffnen zu können und emotionale Bindungen zu entwickeln. Sind diese Bezüge ein Grund, warum die Performenden in Wasser mit einer spiegelnden Oberfläche agieren?

KH: Obwohl die allegorischen und metaphorischen Bedeutungen des Spiegeleffekts hier für mich greifen, liegt der für mich wichtigste Aspekt in der Verwendung von Wasser (oder der Idee von Wasser) auch hier wieder darin, ein natürliches Element in den Ausstellungsraum zu bringen. Das ist ganz ähnlich dazu, wie ich Erde, Pflanzen oder andere organische Materie einsetze; es geht darum, das Außen nach innen zu bringen und in der Architektur einen grenzenlosen Raum zu erschaffen (und zwar buchstäblich durch die Spiegelung des Himmels in den Wasserpfützen auf dem Boden). Bei den Pfützen beispielsweise ist auch die Idee der Bewegung oder der zyklischen Zeit wichtig. Wenn es geregnet hat oder die Landschaft überflutet wurde, muss ein Teil des Wassers schon verdunstet sein, und was wir hier sehen, ist nichts als eine Momentaufnahme, ein kurzes Innehalten der Abläufe in der Natur oder ein langsamer Erosionsprozess...

ACG: Performances für die Kamera zu inszenieren ist eine Praxis mit einer langen Tradition. Seit den 1960er-Jahren thematisieren Künstler*innen immer wieder die Rollen von Performenden und Betrachtenden oder untersuchen die Beziehung zwischen einer Live-Performance und ihrer Reproduktion; sie nutzen das Medium, um politische und gesellschaftliche Ideologien oder stereotypische Vorstellungen in Bezug auf Körper, Alter, *Race* oder Gender zu thematisieren, oder sie hinterfragen tradierte Vorstellungen, was überhaupt als Kunst gelten kann. Deine Performenden vermitteln

community to define ourselves. The individual and the community are closely interwoven. Self-reflection is the key to being able to open up to others and create emotional bonds. Is this connection one reason why the performers act in reflective water surfaces?

KH: While I definitely understand and am conscious of using the allegorical and metaphorical charges of the mirroring effect, for me the most important element in the use of water (or the idea of water) is, again, bringing a natural element into the exhibition space.

This is something I also do with earth, plants or other organic materials. Bringing the outside into the inside, and opening the architecture to a space without borders (through, indeed, mirroring the sky in the puddles on the floor). With the water puddles, for example, I also play with the idea of movement or cyclical time: if water apparently rained on or flooded the landscape, it has partially evaporated and what we observe now is a temporary state of things, a moment of suspension in the wheel of events, or a slow erosion process...

ACG: Performances for the camera have a long tradition. Since the artistic practices of the 1960s in particular, artists have directly addressed the roles of performers and viewers, the relationship between the event and its reproduction, political and social ideologies, body, age, race and gender stereotypes and questioned the definition of art itself. Your performers appear as if they are self-sufficiently absorbed in themselves and their activity.

KH: Although I do not see my performances for the camera in the performance art tradition, the images I create in this way are always directly and essentially centred around questions of personal identity.

den Eindruck, als seien sie komplett mit sich selbst beschäftigt und in die eigene Aktivität vertieft.

KH: Zwar würde ich meine Performances für die Kamera nicht in der Tradition der Performancekunst sehen, aber in den Bildern, die ich mit diesem Mittel erzeuge, geht es immer direkt und essenziell um Fragen der individuellen Identität. Die Fotos und Videoaufzeichnungen sind in dem Sinne Performances, dass ich in einem privaten Akt, abgeschirmt von der Öffentlichkeit, etwas Konkretes realisiere: eine Geschichte, über die ich nachdenke, eine Szene aus einem Buch oder einem Film, die mich interessiert, formal oder wegen der Emotionen, die sie hervorrufen kann. Es sind in jedem Fall friedliche, individuelle Aktionen, die in unterschiedlichen Gemeinschaften unterschiedliche Bedeutungen haben können.

Da ich ursprünglich von der Malerei komme, ist der Bildausschnitt, den die Kamera erfasst, für mich immer ein Teil der Komposition – im Prinzip ist es das Gleiche, ob es um die Grenzen der Leinwand oder des Bildfensters der Kamera geht. Dasselbe gilt für das Licht, die Farben, etc. Entscheidender als der Bezug zur Geschichte der Performancekunst ist für mich etwa die Überführung von der Dreidimensionalität in etwas Zweidimensionales, vom bewegten zum unbewegten Bild oder zur Oberflächenstruktur, wie sie durch die Sticktechnik entsteht – vergleichbar zum Pinselstrich in der Malerei. Und die Einbindung des gestickten Motivs in ein skulpturales Objekt und eine Installation macht dieses Bildobjekt, das seine Entstehungsgeschichte wie in einer Zeitkapsel in sich birgt, wiederum zu einem Teil eines größeren Bildes, der Konstruktion einer Tapisserie, einer Skulptur oder Installation. In gewisser Hinsicht sind die Aufnahmen, die in den Fotosessions entstehen, daher auch wie Entwürfe, in denen etwas skizziert wird, das erst noch realisiert werden muss. Das trifft sowohl für die Fotografien, die im öffentlichen Raum gemacht wurden, als auch für die, die im Ausstellungsraum entstanden, zu. In beiden Fällen werden

And the photo and video recordings are performances in the sense that I make something real in a private act protected from the public: stories that I reflect on, scenes from books and films that interest me formally or because of the emotions they generate, peaceful individual actions that may change their meaning within a community.

For me, coming from painting, the image or the frame are both part of the composition – regardless of whether it is the boundary of the canvas or the picture window of the camera.

The same applies to the incidence of light, the colour, etc.

> However, more decisive than the connection to the history of performance art is, for example, the transfer from the three-dimensional to the two-dimensional, from the moving to the fixed image or to the surface structure created by the embroidery technique – similar to the brush-stroke in painting.

And the integration of the embroidered picture into a sculptural object and installation transfers this pictorial object, which, like a time capsule, carries its history of origin within it, back into the larger structure of the tapestry, sculpture or installation. In this respect, the images created during the photo sessions are also like sketches of something that is yet to come. This applies both to the photographs I take in public space and the ones I take within my installations in the exhibition space. In both cases, images become templates for embroideries in new projects.

In this way, the current exhibition always contains references from the previous exhibition and serves as inspiration for the next.

die Fotos zu Vorlagen für Stickereien in neuen Projekten. Auf diese Weise enthält eine aktuelle Ausstellung immer Verweise auf die vorherige Ausstellung und fungiert als Inspiration für die nächste. Das Resultat ist ein endloser verflochtener Strang, in dem alle Arbeiten miteinander in Beziehung gesetzt sind. Das passt zu Themen wie Erinnern und Substitution, mit denen ich mich in meiner Arbeit auseinandersetze, und der Notwendigkeit, alles in einem größeren Kontext zu betrachten, wobei kontinuierlich neue Verbindungen und Bezüge eröffnet werden.

ACG: Aus welchem Grund hantieren die Performenden mit Werkzeugen?

KH: Ich sehe die Performenden als Forschende. In dieser Funktion erkunden sie die Szenen oder Szenarien, die von mir erschaffen wurden, und interagieren mit ihrer Umgebung. Sie stoßen auf Objekte, Werkzeuge und Settings, die sie nicht kennen. Möglich, dass die Umgebung vage Erinnerungen in ihnen weckt, ähnlich wie auch in den Besucher*innen. Vielleicht stellen sich bei manchen Assoziationen ein, die etwas mit der eigenen Geschichte oder der eigenen kulturellen Sozialisation zu tun haben. Manchmal benutze ich in meinen Performances sogar bereits heute veraltete Werkzeuge oder Geräte, deren Funktion den Performenden unbekannt ist, sodass sie sie auf eine simplifizierende oder triviale Art verwenden, die rein gar nichts mit ihrem eigentlichen Zweck zu tun hat. Indem ich die Komplexität der Objekte auf diese Weise bewusst außer Acht lasse, entleere ich sie ihrer Funktion. Ich reduziere die Szene auf ihre primitivsten, elementaren Aspekte und richte den Fokus so wieder auf die menschliche Figur.

Obwohl in diesen Bildern definitiv eine gewisse Melancholie spürbar wird, sind sie nicht als dystopischer oder utopischer Kommentar gedacht, oder zumindest lag das nie in meiner Absicht. Und wenn ich hinzufügen darf: Mir gefällt es nicht besonders, wenn Leute meine Arbeit als ‚postapokalyptisch' beschreiben. Ich interessiere mich mehr für

The result is an endless braided strand in which all the artworks relate to each other. This fits in with the themes of memory and substitution that my work deals with and the need to view everything in a larger context in which new connections and references are constantly being made.

ACG: Why do the performers handle tools?

KH: I see the performers as explorers who discover the scenes or settings I have created and interact with their surroundings. They come across objects, tools and surroundings that are unknown to them. Perhaps they, but also the visitors, are vaguely reminded of something by this environment. Perhaps it evokes associations with something from their own history or their own cultural references. I sometimes include in my performances outdated tools or devices whose function is not familiar to the performers and they end up using them in a simplistic or trivial manner that is completely different from their original purpose. By deliberately ignoring the sophistication of these objects, I am emptying them from their function, I reduce the scene to its bare, primitive elements, and I reverse the focus towards the human figure.

If there is definitely some melancholy attached to these images, they are not meant to comment on dystopia or utopia, or at least that has never been a conscious intent. And if I may add, I particularly dislike when people qualify my work as "post-apocalyptic".

I am more interested in the individuals themselves and the emotions involved when they are confronted with specific aspects of our society.

die individuellen Personen und die Emotionen, die ins Spiel kommen, wenn sie mit gesellschaftlichen Aspekten konfrontiert werden.

ACG: Die Rolle der Performenden in deiner Arbeit lässt mich an Sati denken, die Protagonistin in Ursula K. Le Guins Geschichte „Die Überlieferung“[9]. Es ist die erschütternde Geschichte einer Gesellschaft, deren kulturelles Erbe, all ihre traditionellen Bräuche und Glaubensvorstellungen vom Staat unterdrückt werden. Die Protagonistin ist Zeugin der Konflikte zwischen dem repressiven Vorgehen der Staatsregierung und den Bürger*innen, die sich dagegen auflehnen. Sie lernt, wie wichtig das Wissen über die Vergangenheit ist, um die Zukunft zu gestalten. Aber mir kommen auch all die populistischen Politiker*innen in den Sinn, die die Sehnsucht nach der Vergangenheit und den alten Werten für politische Zwecke missbrauchen. Was bedeutet es für dich, mit der Vergangenheit umzugehen?

KH: Ich halte die bewusste Auseinandersetzung mit unserer Vergangenheit für entscheidend; ohne das Wissen um die Vergangenheit können wir nicht wirklich Fortschritte machen. Auch wenn es mitunter schmerzliche Erfahrungen sind, würde ich sie nicht einfach hinter mir lassen wollen. Es gibt so viele politische Regimes, die ein bestimmtes kulturelles Erbe aus ideologischen Gründen aus der Erinnerung einer Bevölkerung auszulöschen suchen. Vielleicht eröffnet das Vergessen ein schönes, bequemes Schlupfloch und lässt für eine Weile eine neue Gesellschaftsordnung florieren. Doch wir alle wissen nur zu gut, dass eine solch simple Lösung nicht von Dauer ist. Die Sehnsucht nach den Orten von früher und der Wunsch, die eigenen Ursprünge zu kennen, wird bleiben. Dinge aus der Vergangenheit anzusprechen ist für mich unverzichtbar, wenn es um die Konstruktion von Geschichten geht, die unsere Gegenwart oder Zukunft betreffen.

9 Ursula K. Le Guin, „Die Überlieferung“ in: dies., *Grenzwelten. Zwei Romane*, Frankfurt a.M.: Fischer, 2022, S. 169–398.

ACG: The role of the performer in your work makes me think of the protagonist Sati in Ursula K. Le Guin's short novel *The Telling*[9]. It is the harrowing story of a society whose cultural heritage in terms of traditional customs and beliefs is suppressed by the state. The protagonist experiences the conflicts between the repressive state government and the citizens who resist it. She learns how important knowledge of the past is for shaping the future. But I am also thinking of the numerous political populists who use the longing for the past and old values for their politics. What does coming to terms with the past mean to you?

KH: I believe that consciously dealing with our past is crucial: without knowledge of the past we cannot really make progress. Even if past experiences are painful, I wouldn't want to just leave them behind. There are numerous political regimes that seek to erase cultural heritage from the population's memory for ideological reasons.

Forgetting perhaps seems to open up a nice, comfortable place of retreat and thriving for new social orders for a while. But we all know too well this comfort doesn't last. The longing for the places and the knowledge of one's own origins will remain. Addressing parts of the past is for me fundamental in building stories that are present or future.

ACG: *The Telling* by Ursula K. Le Guin is as much a story about religion and politics as it is a story about storytelling. It is also an anthropological mystery story that invites readers to make their own interpretations and tell their own stories. You wanted to

9 Ursula K. Le Guin, *The Telling*, San Diego: Harcourt, 2000.

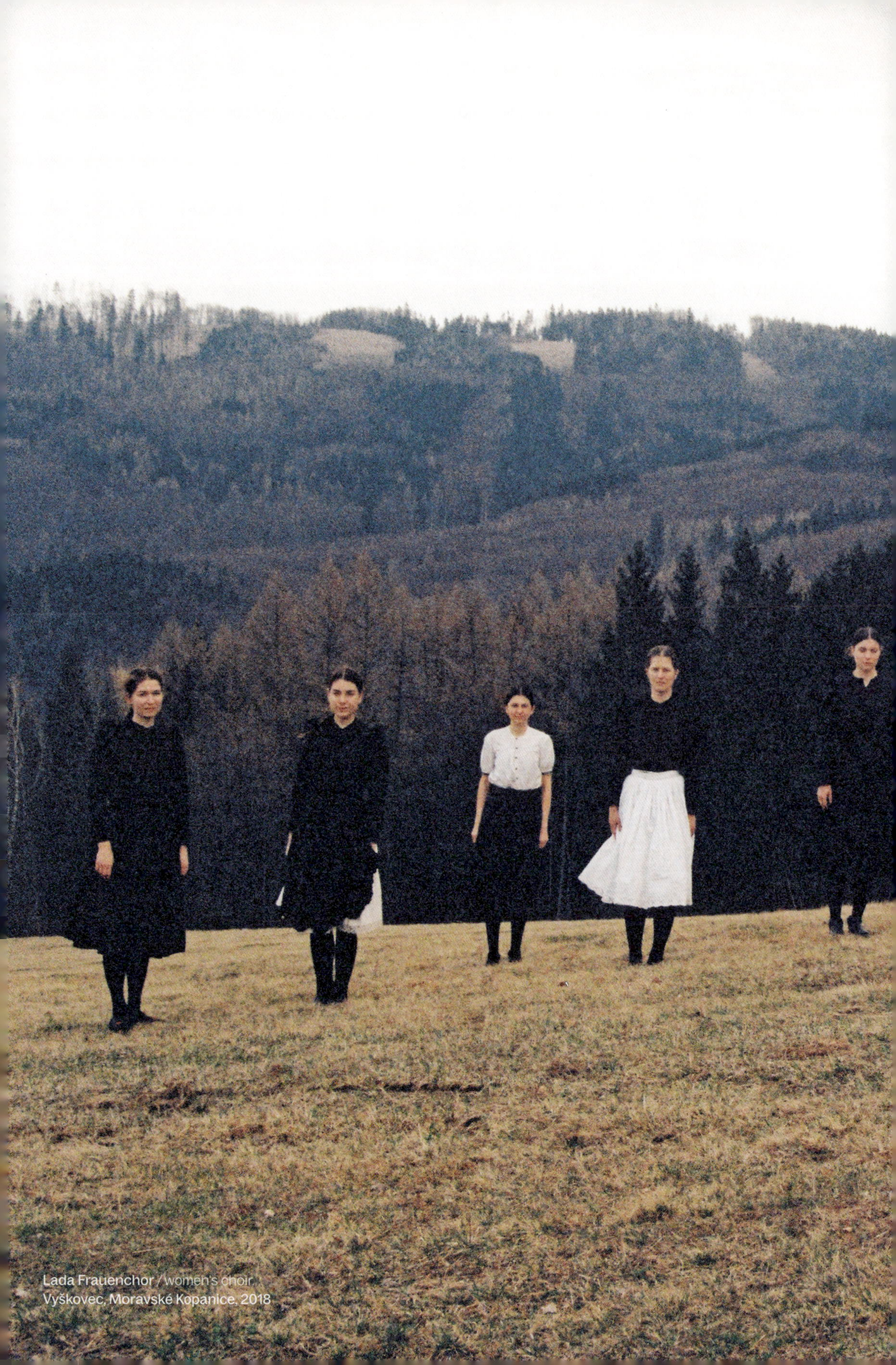

Lada Frauenchor / women's choir,
Vyškovec, Moravské Kopanice, 2018

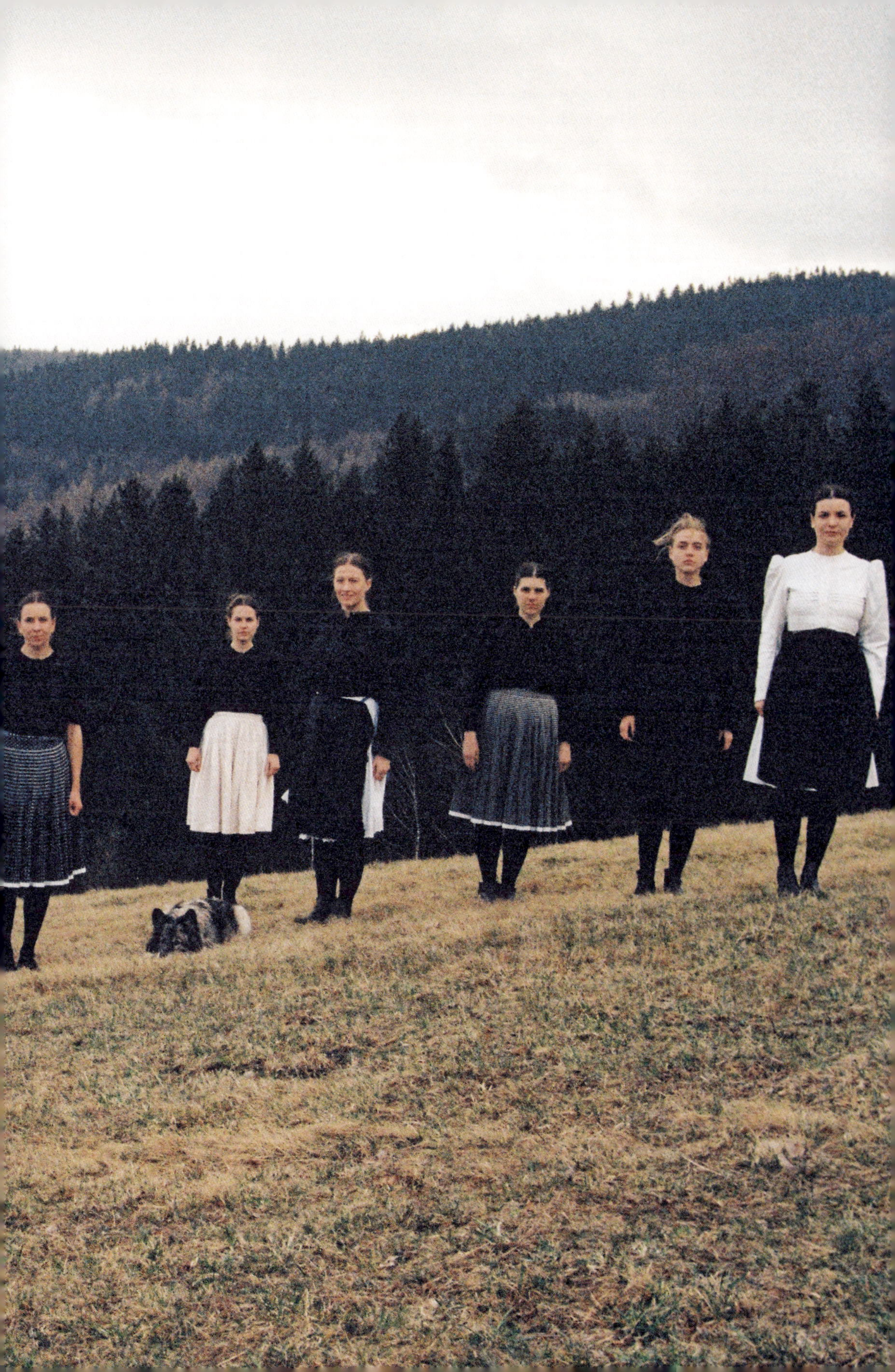

ACG: „Die Überlieferung" von Ursula K. Le Guin ist gleichermaßen eine Geschichte über Religion und Politik wie auch eine über das Geschichtenerzählen als solches. Es ist auch die Geschichte eines anthropologischen Mysteriums, wobei die Leser*innen eingeladen sind, eigene Interpretationen zu entwickeln und ihre eigenen Geschichten zu erzählen. Für *embrace* hattest du von Anfang an den Plan, einen Soundtrack zu entwickeln. Dafür habe ich dich mit Billy Bultheel aus Berlin bekannt gemacht. Und du hast Aufnahmen von Sbor Lada und Yzomandias aus der Tschechischen Republik mitgebracht. Beide erzählen Geschichten. Daraus hat Billy Bultheel dann eine musikalische Komposition gemacht und eine neue Erzählung entwickelt. Wer steht hinter Lada und worüber singen sie?

KH: Lada ist ein Frauenchor aus der Tschechischen Republik, der Volksmusik aus dem mährisch-slowakischen Grenzgebiet und aus verschiedenen Regionen der Slowakei neu interpretiert. Die Sängerinnen greifen traditionelle Lieder auf, die eng mit der Volkskultur verbunden sind – Liebeslieder, Hochzeitslieder, Balladen und anderes. Sie singen a cappella oder lassen sich von typischen Folk-Instrumenten (Geige, Bratsche, Akkordeon, Becken, etc.) begleiten. Ihren Stil und das Repertoire verankern sie in den Geschichte(n) und Besonderheiten der Region, aus der die Lieder kommen. Dabei beziehen sie auch lokale Dialekte mit ein. Für diese Ausstellung war es mir allerdings wichtig, nicht nur Lieder, sondern auch andere Audioelemente zu benutzen. Im Soundtrack sind Schreie zu hören, die an Echos in den Bergen denken lassen. Sie erinnern an eine Zeit, in der die Bewohner*innen der Bergregionen miteinander kommunizierten, indem sie ihre Stimmen durch Echos verstärkten, um Botschaften von entfernten Orten weiterzutragen.

Hier ist ein Beispiel eines traditionellen Liedes, das Lada interpretiert hat – im spezifischen Dialekt der (zwischen Mähren und der Slowakei gelegenen) Region Kopanice:

develop a soundtrack for *embrace*, for which I introduced you to Billy Bultheel from Berlin. You brought recordings of Sbor Lada and Yzomandias with you from the Czech Republic. Both tell stories from which Billy Bultheel made a musical composition, turning it into a new narrative. Who is Lada and what are they singing about?

KH: Lada is a women's choir from the Czech Republic dedicated to the interpretation of folk music from the Moravian-Slovakian border and various regions of Slovakia. They interpret traditional folk culture songs – love songs, wedding songs, ballads and others, sometimes a cappella, sometimes accompanied by typical folk instruments (violin, viola, accordion, cymbal, etc.). They base their style and repertoire on the history and peculiarities of the region the songs come from and include local dialects.

For this exhibition, however, it was also important not to use only songs but also sounds. In the recordings you can hear shouts that are evoking echoes in the mountains. It reminds of a time when the inhabitants of those regions communicated by echoing their voices to pass on messages from remote locations.

This is an example of one of the traditional songs interpreted by Lada – in the dialect from the specific region of Kopanice (between Moravia and Slovakia):

Ceče voda kalná, mútna

Ceče voda kalná, mútna,
čo si, milá, taká smutná.
[:Jako já mám veselá byc,
strojí sa mi frajer ženic.:]

Kedz sa strojí, aj sa budze,
o rok, o dva, vdovec budze.
[:O rok, o dva, o mesjáci,
Potom si mňa prídze vzaci.:]

[:Stávaj, milá, stávaj hore,
idze mladý vdovec k tebe.:]
[: Jednú rukú otvárala
A druhú mu podávala.:]

[: Jednú rukú otvárala
A druhú mu podávala.:]
[: a tak sa mu žalovala
Od večera až do rána.:]

Das Wasser fließt trübe, düster

Das Wasser fließt trübe, düster,
warum bist du so traurig, Liebes.
Wie könnte ich fröhlich sein,
der Mann, den ich liebe, kleidet sich
als Bräutigam.

Wenn er sich so kleidet, feiert er Hochzeit,
in ein, zwei Jahren aber wird er schon
Witwer sein.
In ein, zwei Jahren, in einem Monat,
dann kommt er und heiratet mich.

Steh auf, Liebes,
ein junger Witwer kommt, dich zu holen.
Sie öffnete eine Hand,
und reichte ihm die andere.

Sie öffnete eine Hand,
und reichte ihm die andere.
Dann klagte sie ihm ihr Leid,
vom Abend bis zum Morgen.

The water is running muddy, murky

The water is running muddy, murky,
why are you, my love, so sad.
How could I be happy,
my sweetheart is getting dressed
as a groom.

When he is getting dressed,
he will marry,
he will be a widower in a year or two.
In a year or two, in a month,
then he will come to marry me.

Get up my love,
a young widower is coming for you.
She opened one hand,
and gave him the other one.

She opened one hand,
and gave him the other one.
Then she complained to him,
from evening till morning.

ACG: Und was hören wir von Yzomandias?

KH: Yzomandias ist ein Rapper, der sich mit seiner Musik primär an eine junge Generation von Tschech*innen wendet. Teenager und junge Erwachsene fühlen sich von seinen Songtexten angesprochen und identifizieren sich häufig mit ihnen. Ich habe versucht, mit seiner Stimme als Instrument oder als neutralem Erzähler einer Geschichte zu arbeiten, die nicht eindeutig zeitlich verankert ist. Die Geschichte, die er erzählt, wurde von Bohuslav Reynek inspiriert, der sich in seinem lyrischen Werk mit der Beziehung des Menschen zur Landschaft und der menschlichen Existenz im Allgemeinen befasst.

ACG: Es war dir auch wichtig, dass die Lautsprecher in der Ausstellung tatsächlich aus Clubs kommen, sodass sie ihre eigenen Geschichten mitbringen.

KH: Ich wollte nicht irgendeine beliebige technische Ausrüstung von einer Mietfirma. Stattdessen haben wir Lautsprecher aus verschiedenen Technoclubs in Berlin besorgt, darunter Clubs, die heute gar nicht mehr existieren. Wir verwenden auch ein paar Lautsprecher, die nicht mehr funktionieren und in der Ausstellung nur als visuelle Elemente fungieren. Manche sind ganz offensichtlich ältere Modelle oder sehen ziemlich ramponiert aus, was die vermeintliche Zeitachse der Ausstellung oder der Erzählung nochmal weiter aufbricht.

Das finale technische Setup besteht also aus einer Mischung funktionierender und nicht funktionierender Lautsprecher, was bei den Besucher*innen, die davorstehen, eventuell zu einer gewissen Verwirrung führt. Sie wundern sich vielleicht, ob eigentlich aus allen Lautsprechern Sound kommen sollte, ob etwas kaputt gegangen ist oder aus irgendeinem Grund nicht eingeschaltet wurde. Aber tatsächlich kommen auch hier wieder Aspekte der Erosion und das Phänomen der verfließenden Zeit ins Spiel, aufgrund derer eine Landschaft oder Situation auf ewig ‚unvollendet' bleibt.

ACG: And which bars do we hear from Yzomandias?

KH: Yzomandias is a rapper who addresses his music mostly to a young generation of Czechs. Teenagers and young adults can relate to his lyrics and often identify with them. I tried to work with his voice as an instrument or an impersonal narrator of a story that is not clearly timeframed. His narration is inspired by the poetry of Bohuslav Reynek, which is about the relationship of man to the landscape and human existence in general.

ACG: It was also important to you that the loudspeakers in the exhibition actually come from clubs, so they bring their own stories with them.

KH: I didn't want any random technical equipment from rental companies. Instead we sourced speakers from different techno clubs in Berlin, some of which don't exist anymore. We also recycled some dysfunctional ones, which would serve as visual elements only within the installation.

Some of the speakers are clearly older models or look pretty damaged, which is another element that is aimed to break the supposed timeline of the exhibition or the narrative.

Since the final technical setup consists of a mixture of working and non-working speakers, viewers might get confused while standing in front it. They might wonder if all the speakers were meant to diffuse sound or if something broke or hasn't been switched on for some reason. There is, here again, the question of erosion and passing of time that leaves a landscape or a situation permanently "unfinished".

ACG: The title *embrace* is very open and at the same time describes a clear gesture.

ACG: Der Titel *embrace* [dt. „umarmen“ oder „Umarmung“] ist extrem offen und beschreibt zugleich einen sehr eindeutigen Akt.

KH: Meine vorherige Ausstellung in der Kunsthalle Basel hatte den Titel *GROWTH*. Der Begriff sollte einerseits ein positives Phänomen evozieren (*growth*, d.h. „Wachstum“ als Synonym für Fortschritt, Verbesserung, Heranreifen, Geburt...), könnte andererseits jedoch auch den Verlauf einer Krankheit beschreiben, eine unaufhaltsame, hoffnungslose Entwicklung, die am Ende gar die eigene Zerstörung zur Folge hätte. Eine ähnliche Mehrdeutigkeit lässt sich im Konzept von *embrace* entdecken. Eine Umarmung kann von gegenseitiger Sympathie zeugen oder als Attacke empfunden werden. Es gibt Kulturen, in denen sich die Menschen bei jeder Gelegenheit umarmen, und wieder andere, in denen diese Art Körperkontakt ein absolutes Tabu ist. Eine Umarmung kann eine Geste der Eintracht sein; sie kann Macht demonstrieren oder Trost spenden. Sie kann fordernd oder gebend sein, wahllos oder unfreiwillig erfolgen. Diese Ambivalenz, dieser Spannungszustand, der auf unterschiedliche emotionale und kulturgeschichtliche Prägungen und damit verbundene Assoziationen zurückgeführt werden kann, ist genau das, womit ich mich vorrangig auseinanderzusetzen versuche, wenn ich meine Szenarien ausarbeite.

Aufgrund der Tatsache, dass eine Umarmung etwas primär Physisches ist, würde ich sie hier zudem mit der formalen Präsenz der Tapisserien in der Ausstellung vergleichen. Denn da der gesamte Raum mit ihnen angefüllt ist, scheint die offene, eher maskuline und kalte Architektur dahinter zu verschwinden, was den Betrachter*innen unerwartete Möglichkeiten eröffnet, sich zurückzuziehen und ein Moment von Intimität zu finden. Die Allgegenwärtigkeit des organischen Materials von der Decke bis zum Boden kann eine Einladung sein, aber auch als Invasion gedeutet werden – in jedem Fall aber ist es etwas, dem wir nicht leicht entkommen können.

KH: My previous exhibition at Kunsthalle Basel was titled *GROWTH*, which was meant to evoke both a positive phenomenon (growth as a synonym of progress, improvement, ripening, birth...) but could also describe the development of an illness, something unstoppable, hopeless, that could destroy itself eventually. The same ambiguity may be found in the concept of *embrace*.

An embrace can be based on mutual empathy or seen as an attack.

There are cultures in which people hug each other all the time and cultures in which physical contact like this is an absolute no-go. It can be a gesture of unity and a demonstration of power, or even of consolation. It can be very demanding or giving, arbitrary or involuntary. This ambivalence, this in-between state coming from the emotional, formal, cultural-historical background and associations is something I try to relate the most to when mapping my scenarios.

But also, as an embrace is mainly physical, I would compare it here with the formal presence of the tapestries throughout the exhibition: because the space is saturated with them, the open, rather masculine and cold architecture seems to disappear, offering new possibilities for the viewer to hide and find a moment of intimacy. The organic omnipresence of the material, from the ceiling to the floor, can be interpreted as an invitation but also an invasion, something you cannot easily escape from.

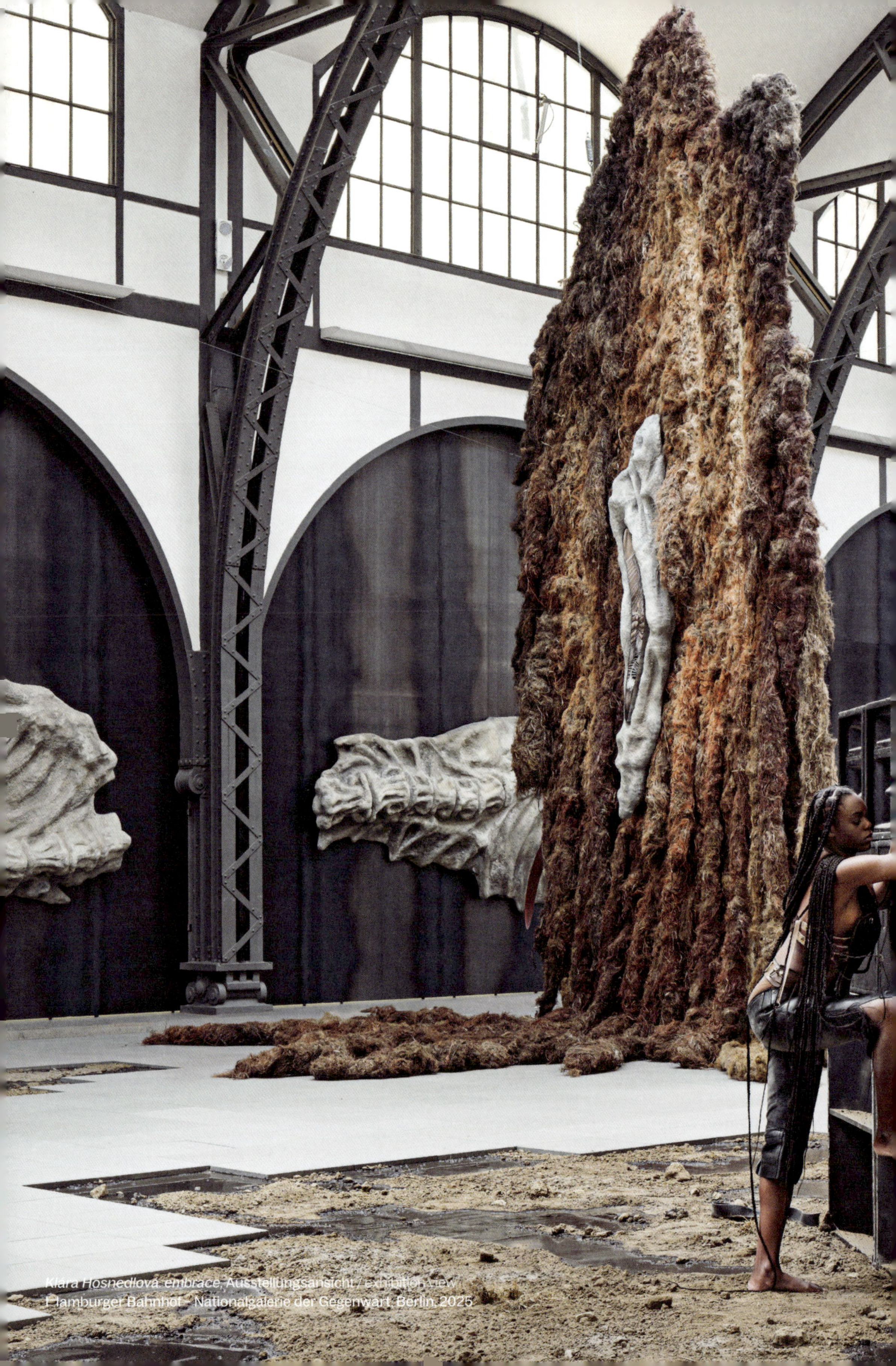

Klára Hosnedlová: embrace, Ausstellungsansicht / exhibition view
Hamburger Bahnhof – Nationalgalerie der Gegenwart, Berlin 2025

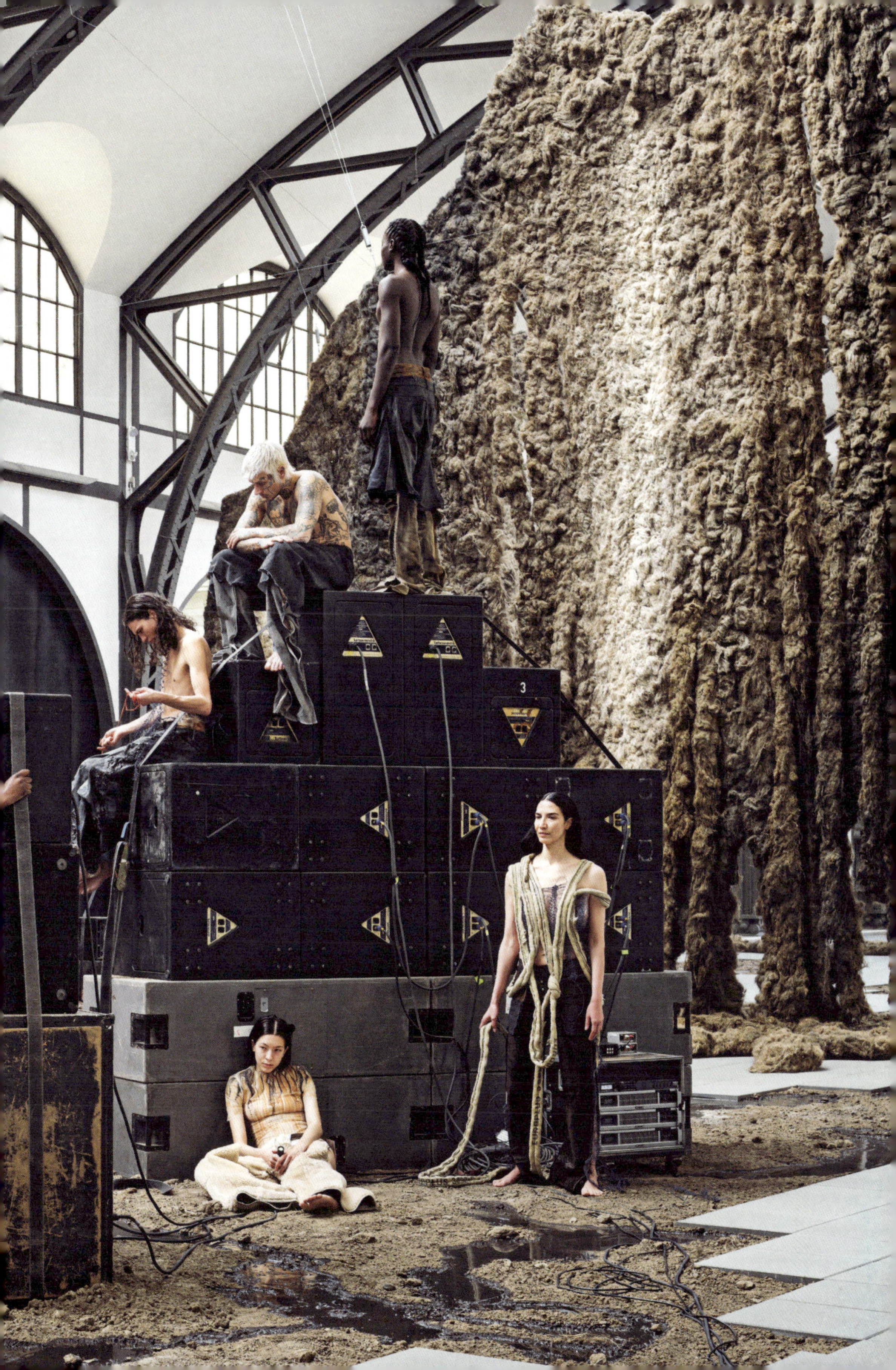
3

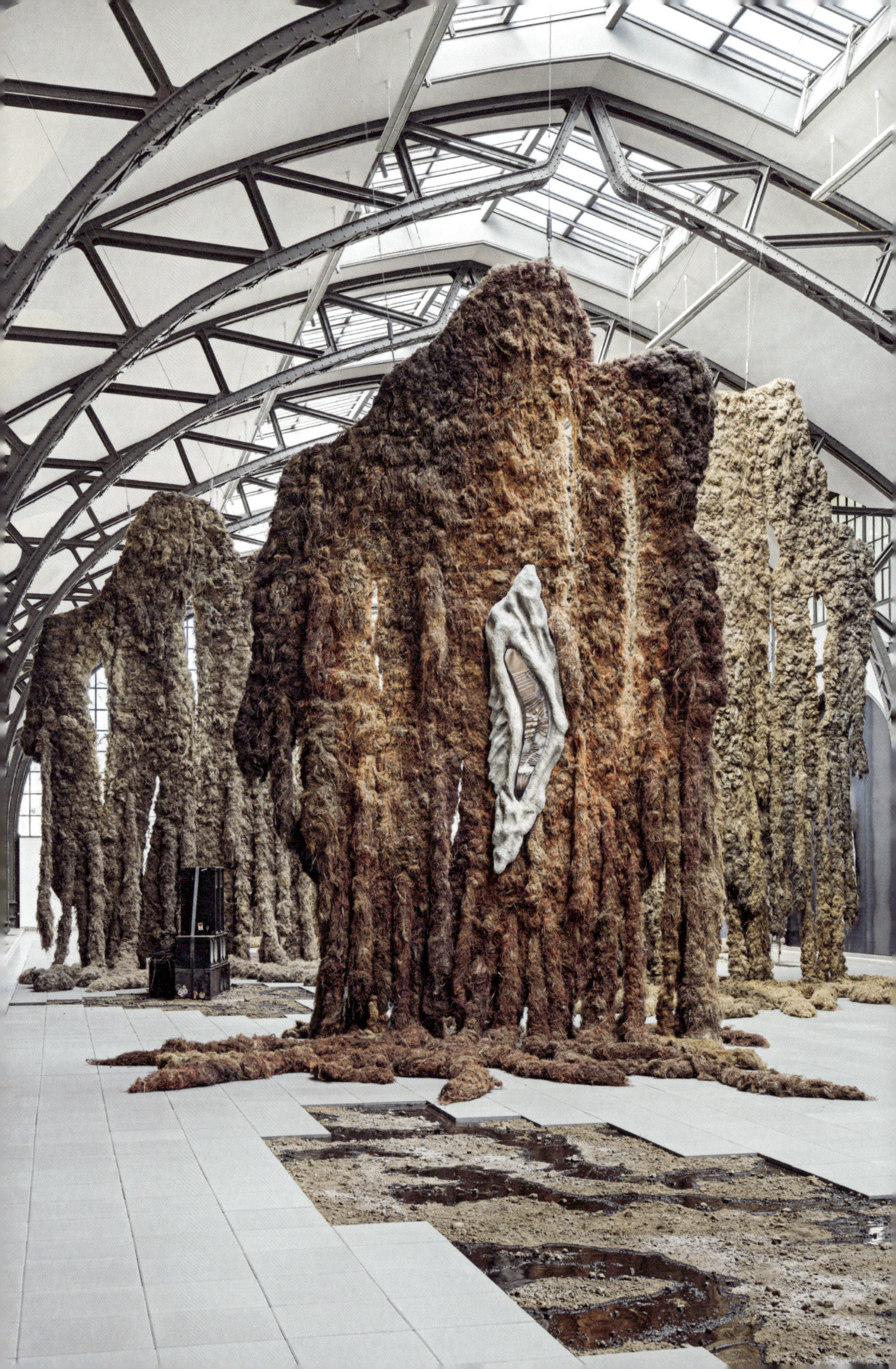

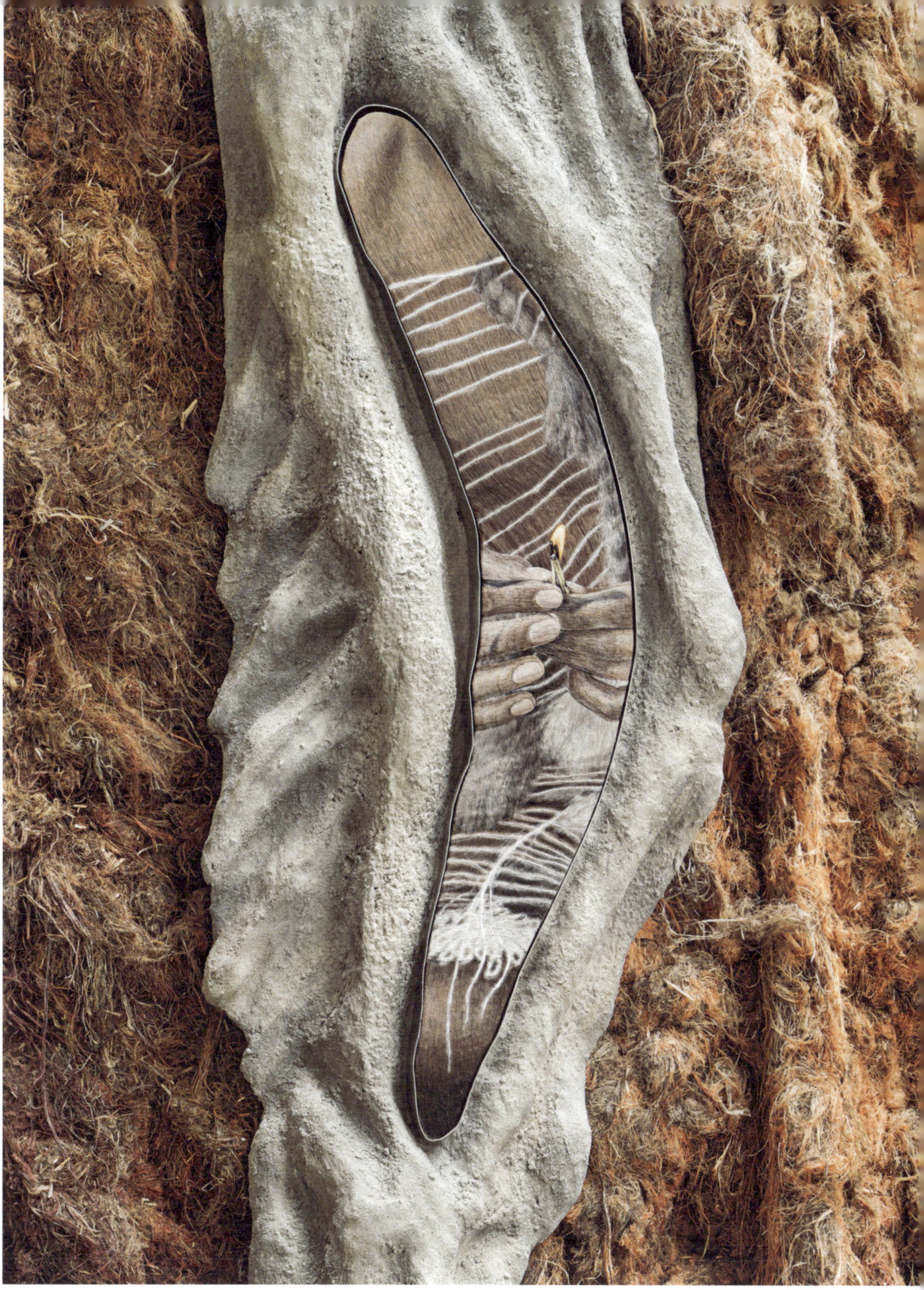

Klára Hosnedlová. embrace, Ausstellungsansicht / exhibition view
Hamburger Bahnhof – Nationalgalerie der Gegenwart, Berlin, 2025

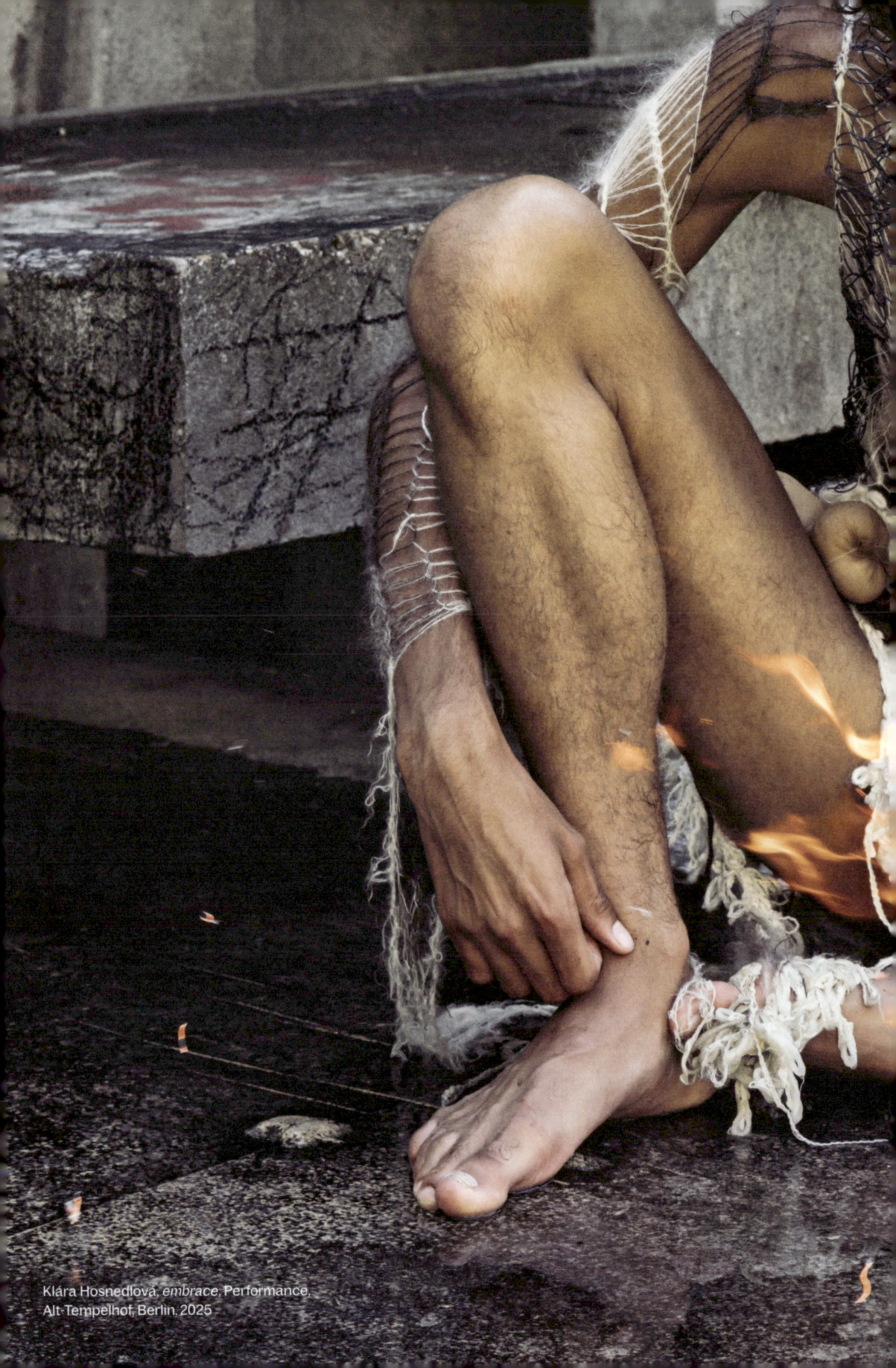

Klára Hosnedlová, *embrace*, Performance,
Alt-Tempelhof, Berlin, 2025

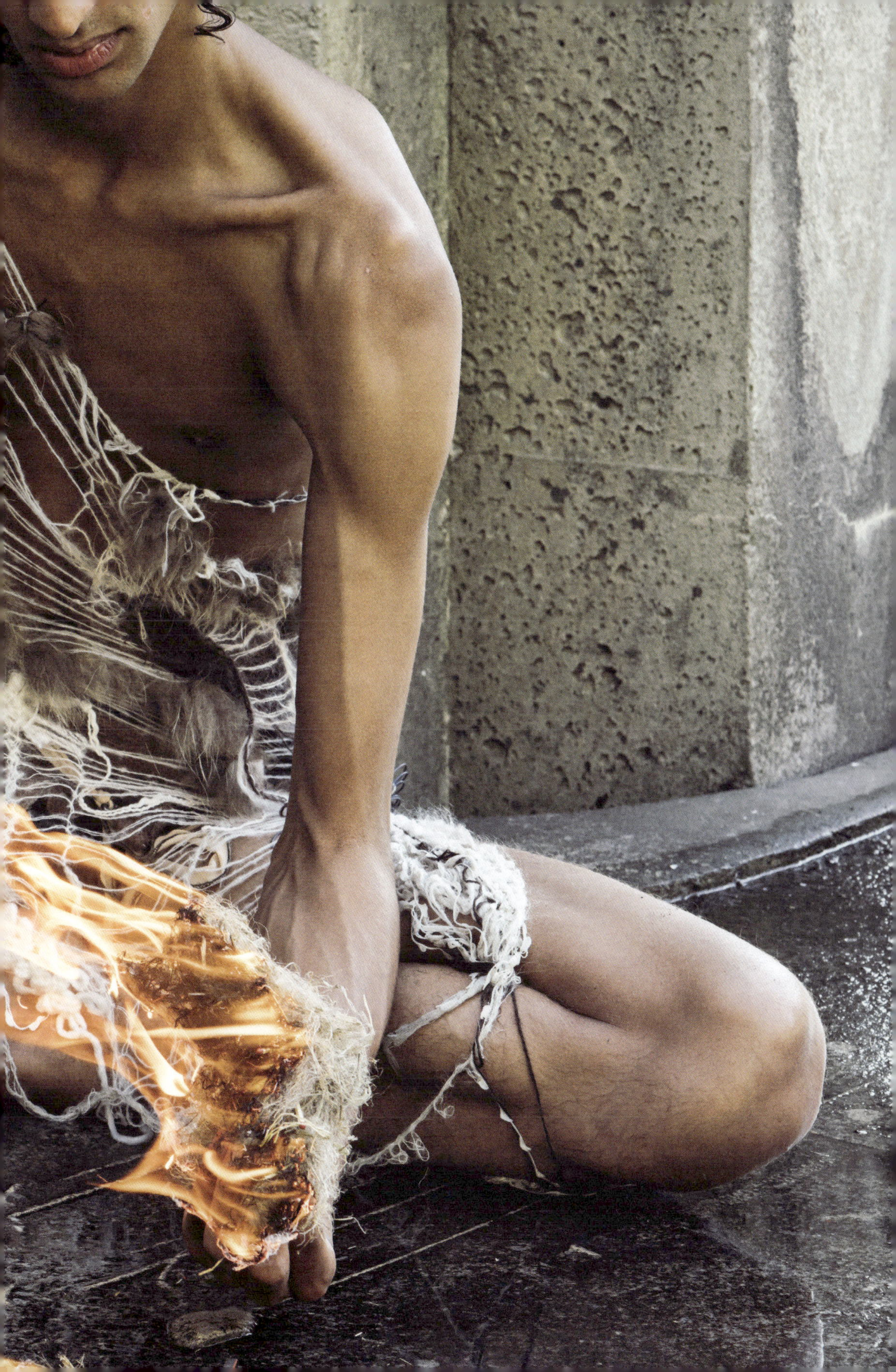

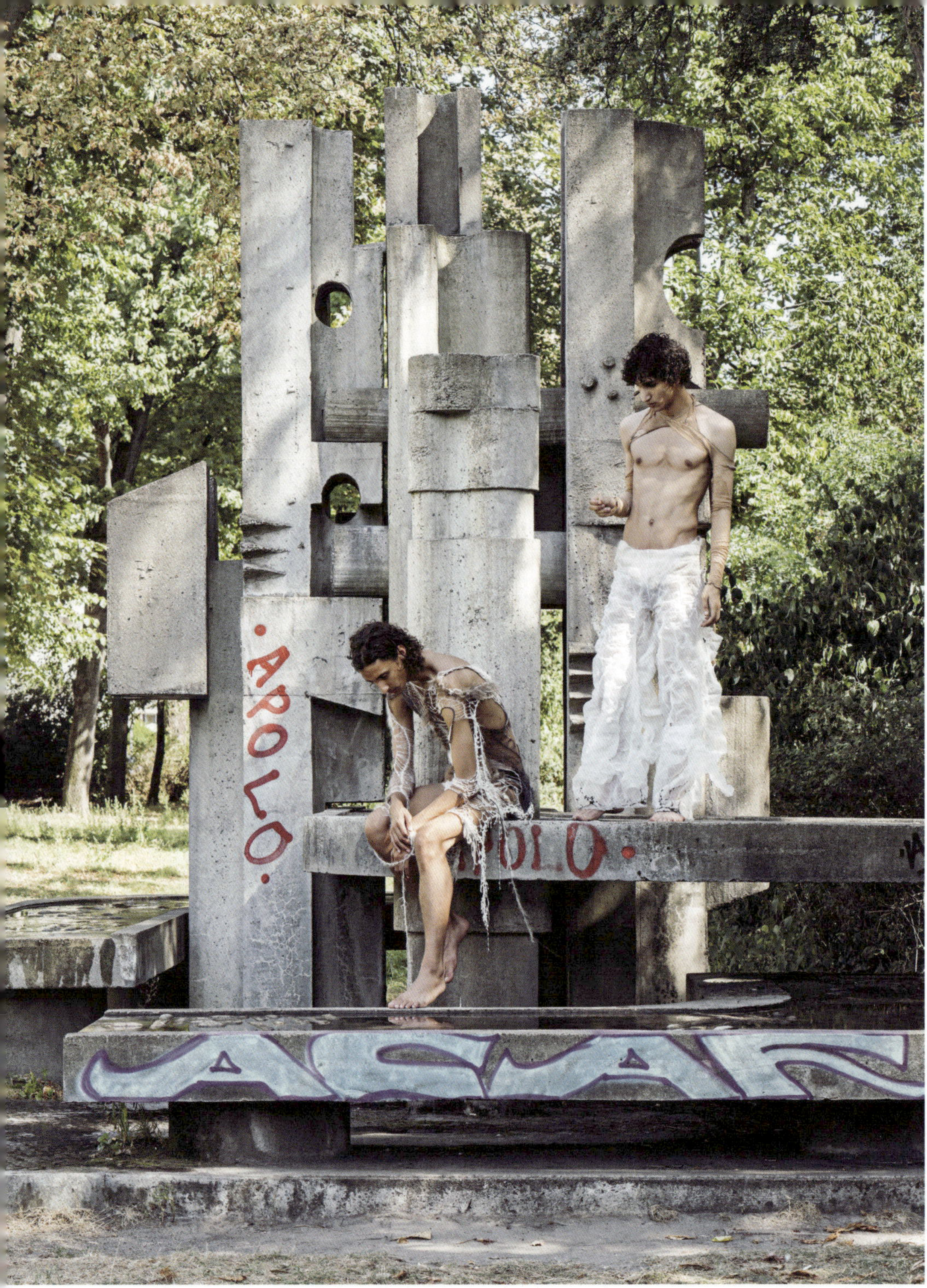

Klára Hosnedlová, *embrace*, Performance, Alt-Tempelhof, Berlin, 2025

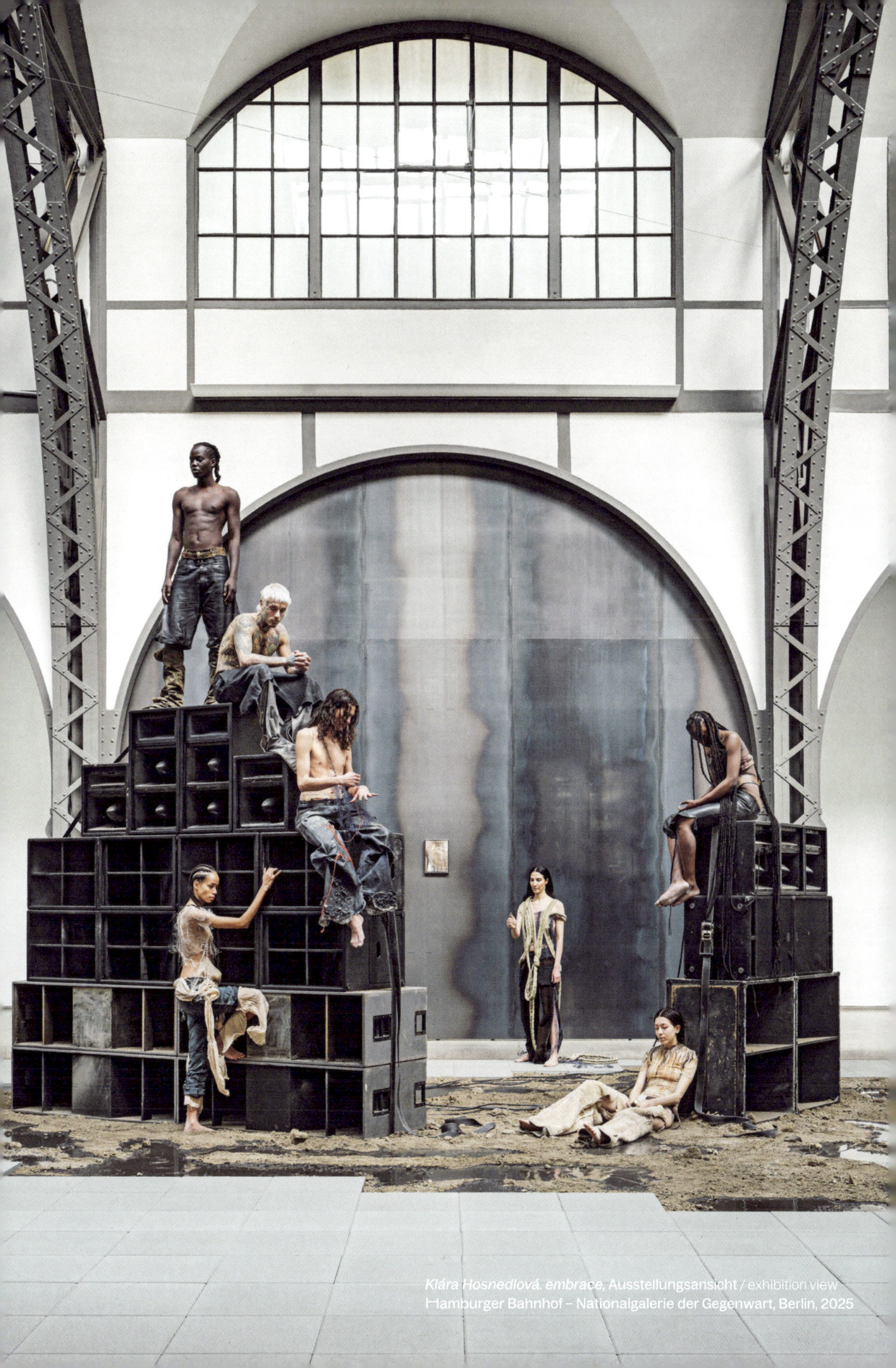

Klára Hosnedlová. embrace, Ausstellungsansicht / exhibition view
Hamburger Bahnhof – Nationalgalerie der Gegenwart, Berlin, 2025

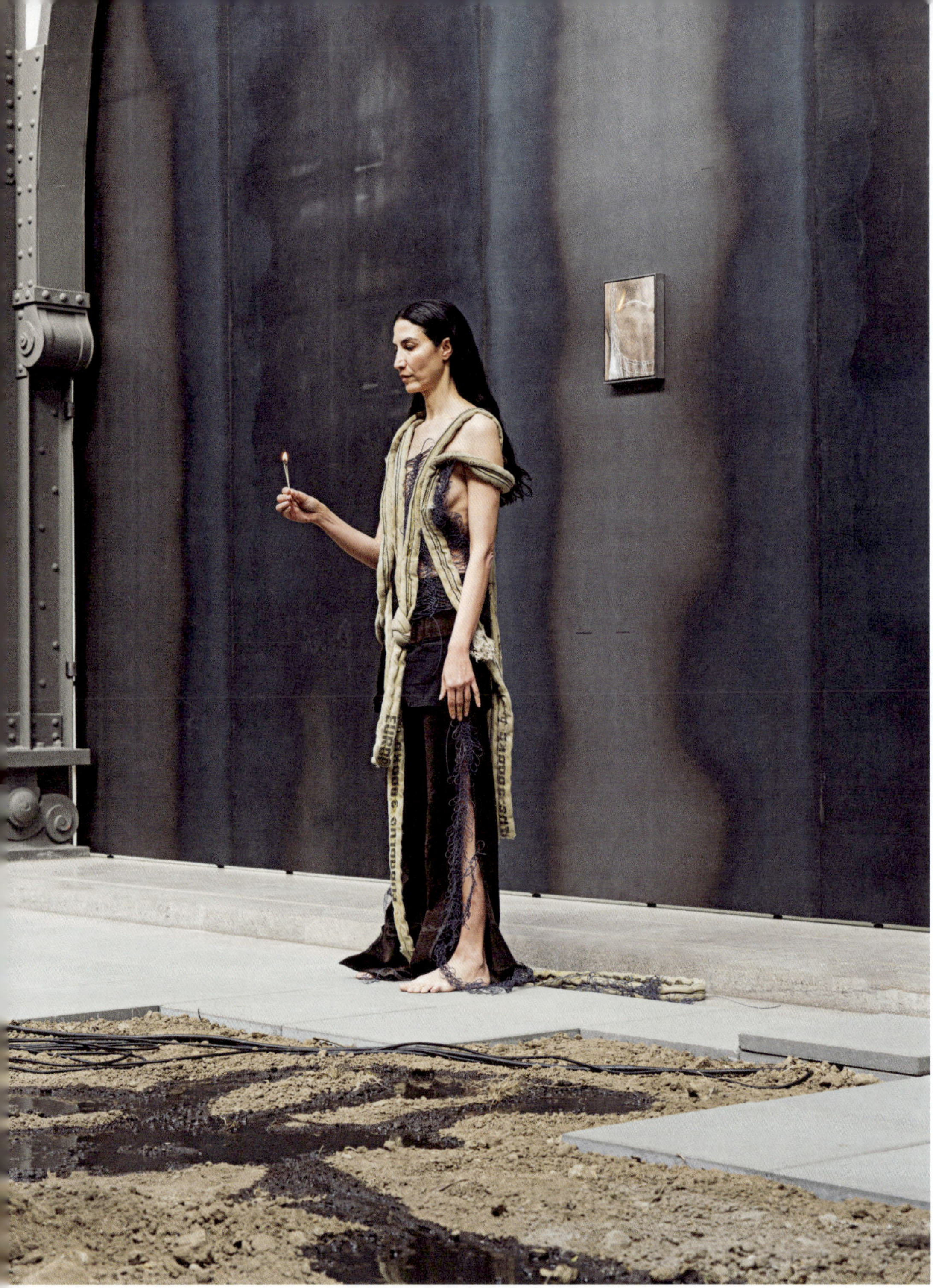

Klára Hosnedlová. embrace, Ausstellungsansicht / exhibition view
Hamburger Bahnhof – Nationalgalerie der Gegenwart, Berlin, 2025

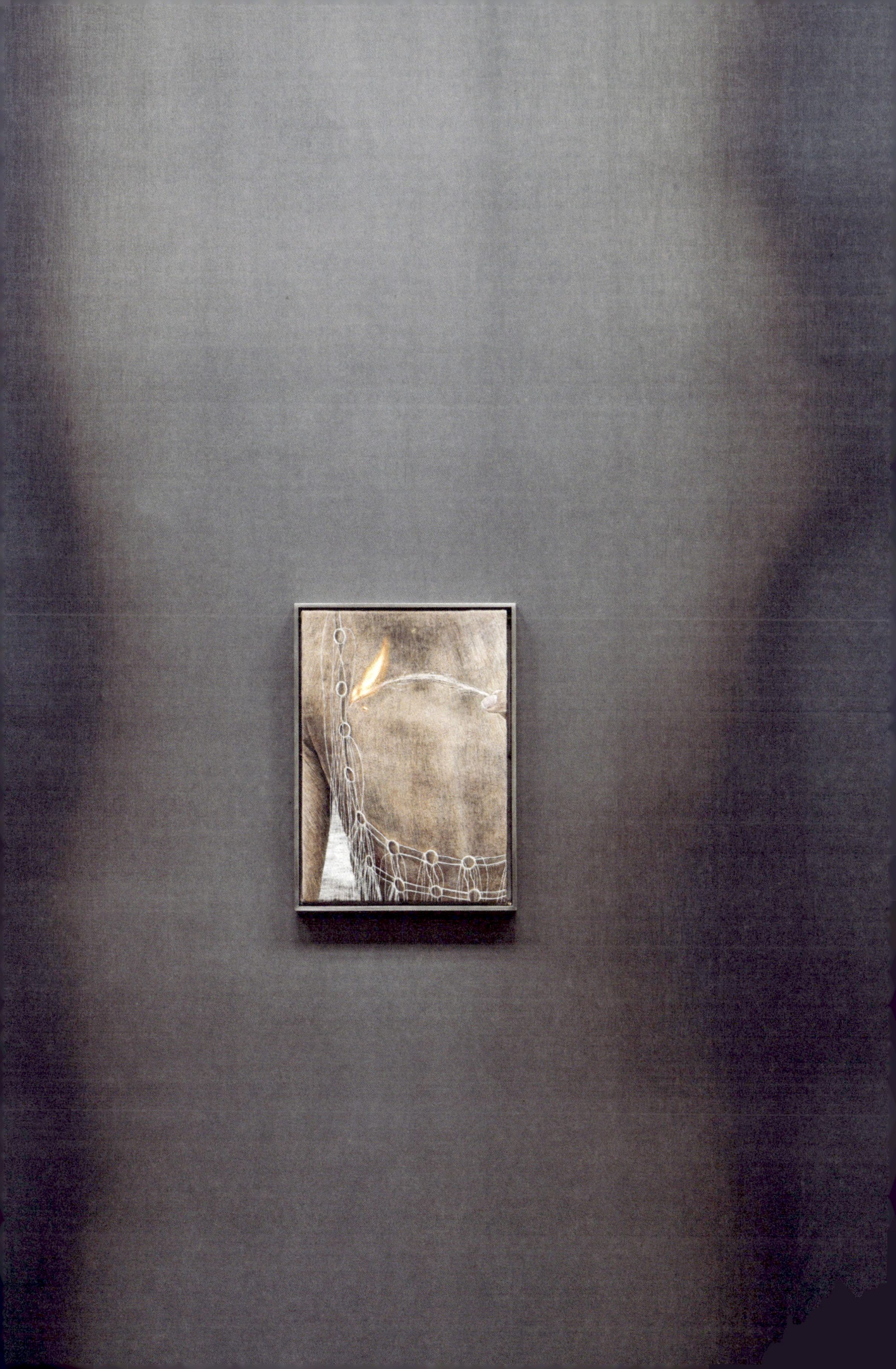

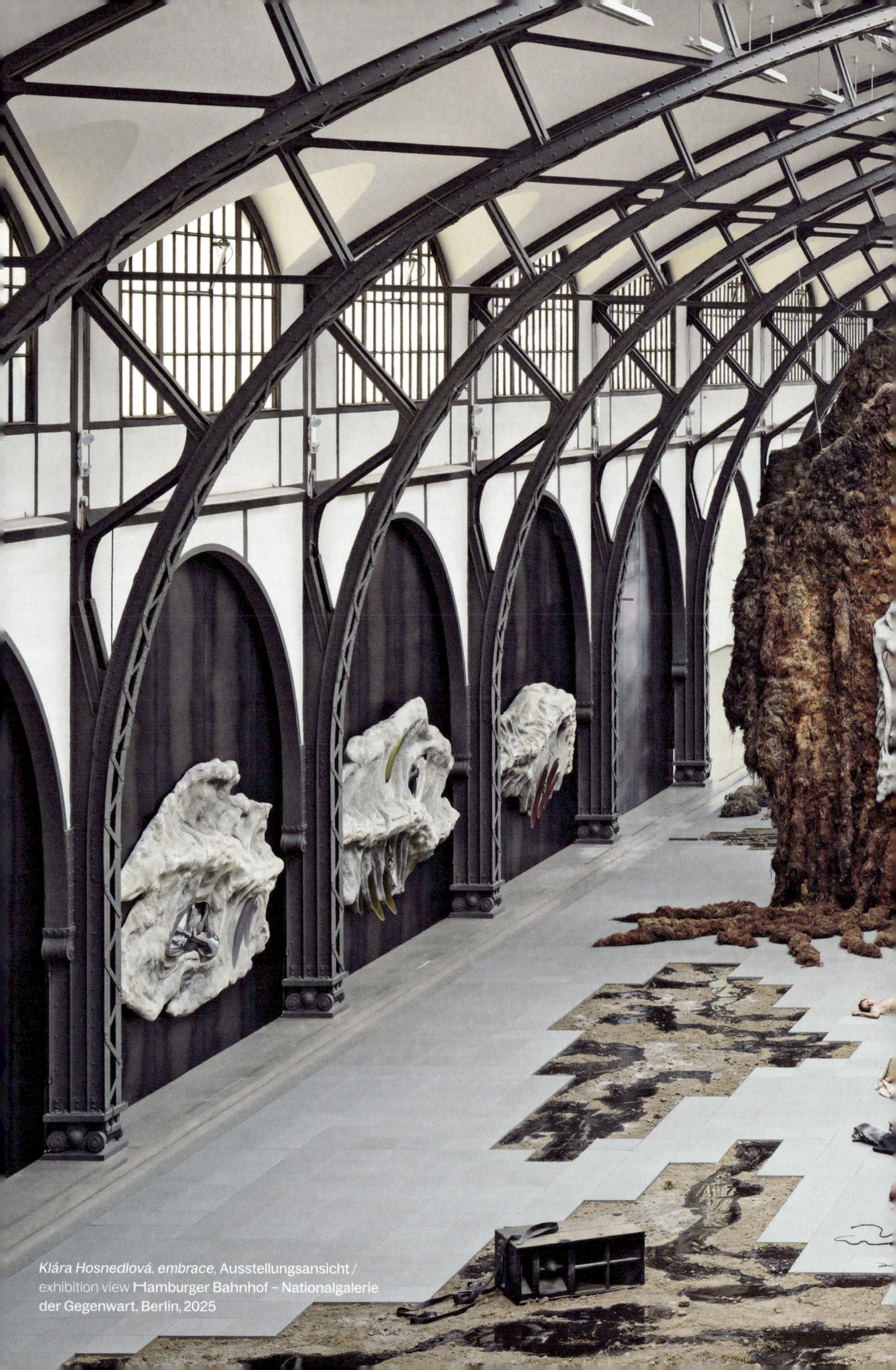

Klára Hosnedlová. embrace, Ausstellungsansicht / exhibition view Hamburger Bahnhof – Nationalgalerie der Gegenwart, Berlin, 2025

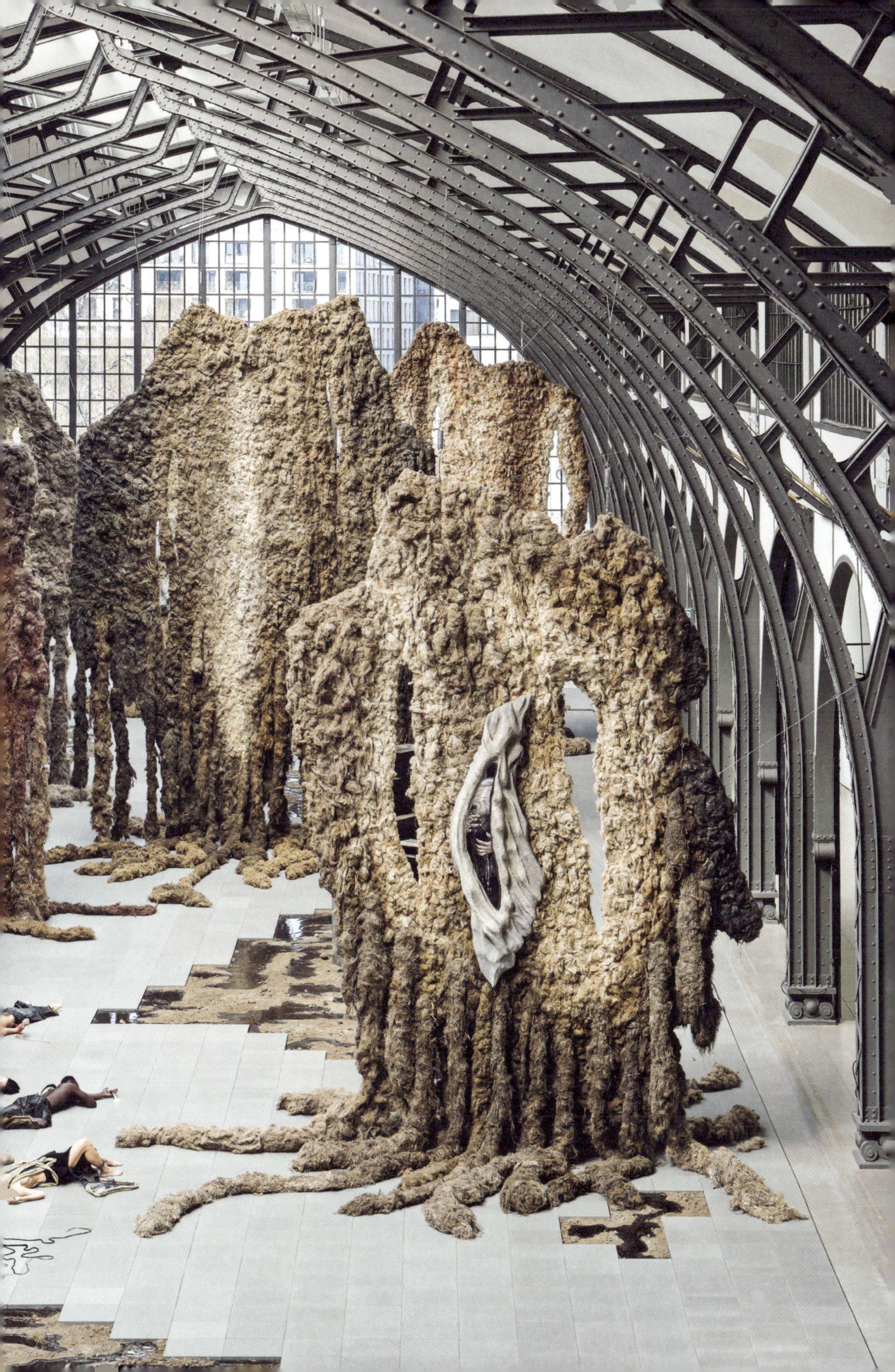

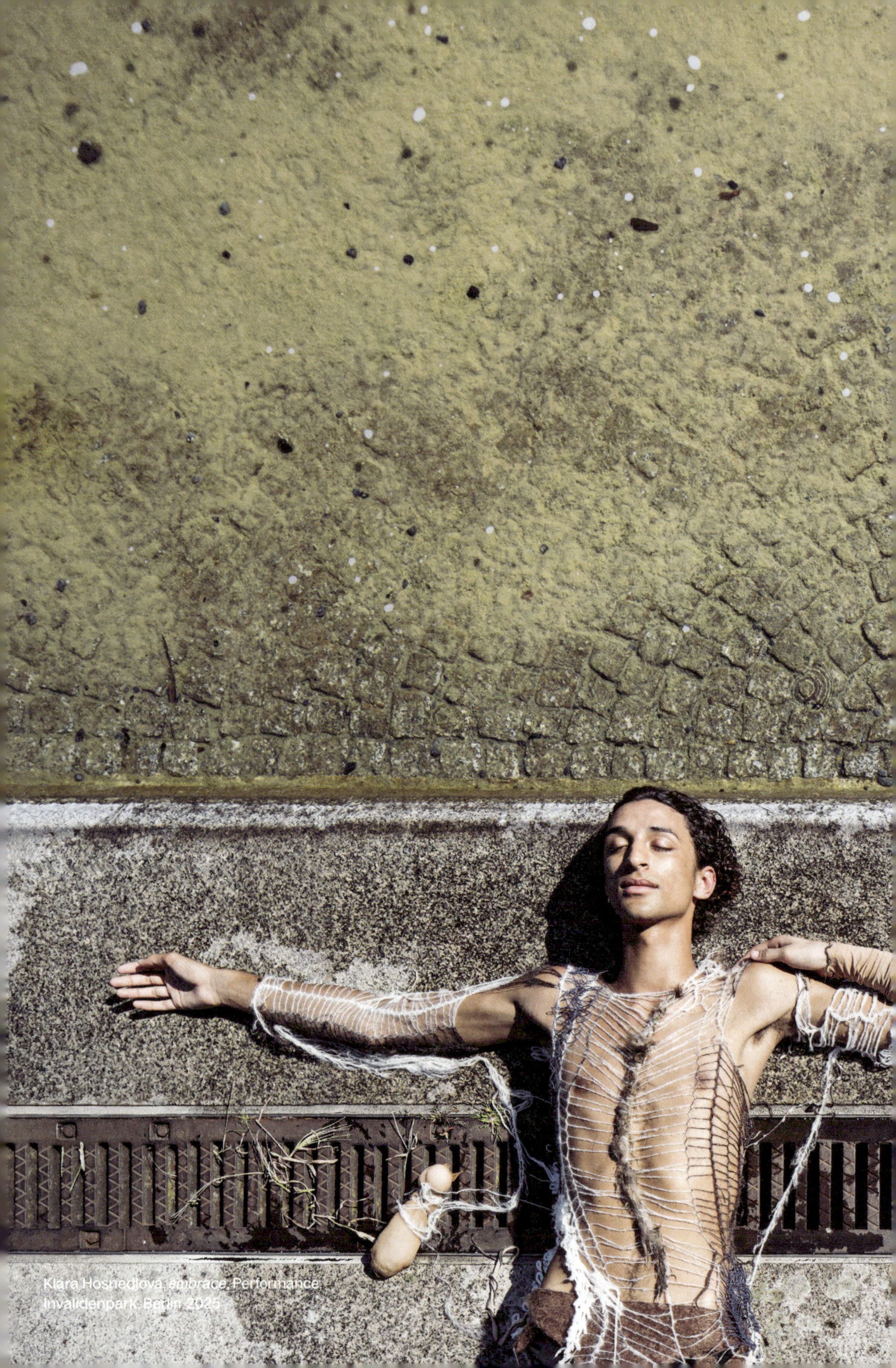

Klára Hosnedlová, *embrace*, Performance
Invalidenpark, Berlin 2025

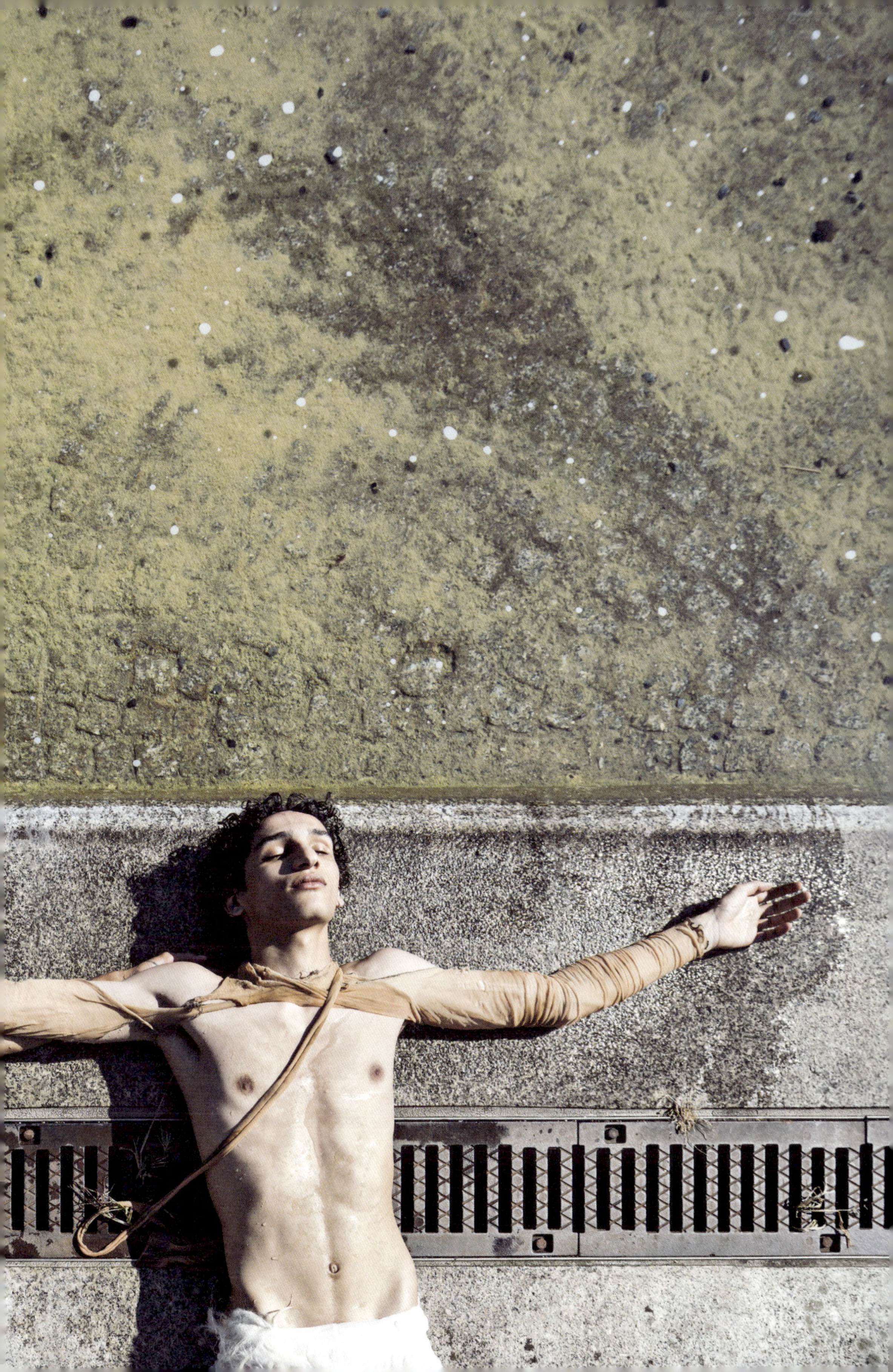

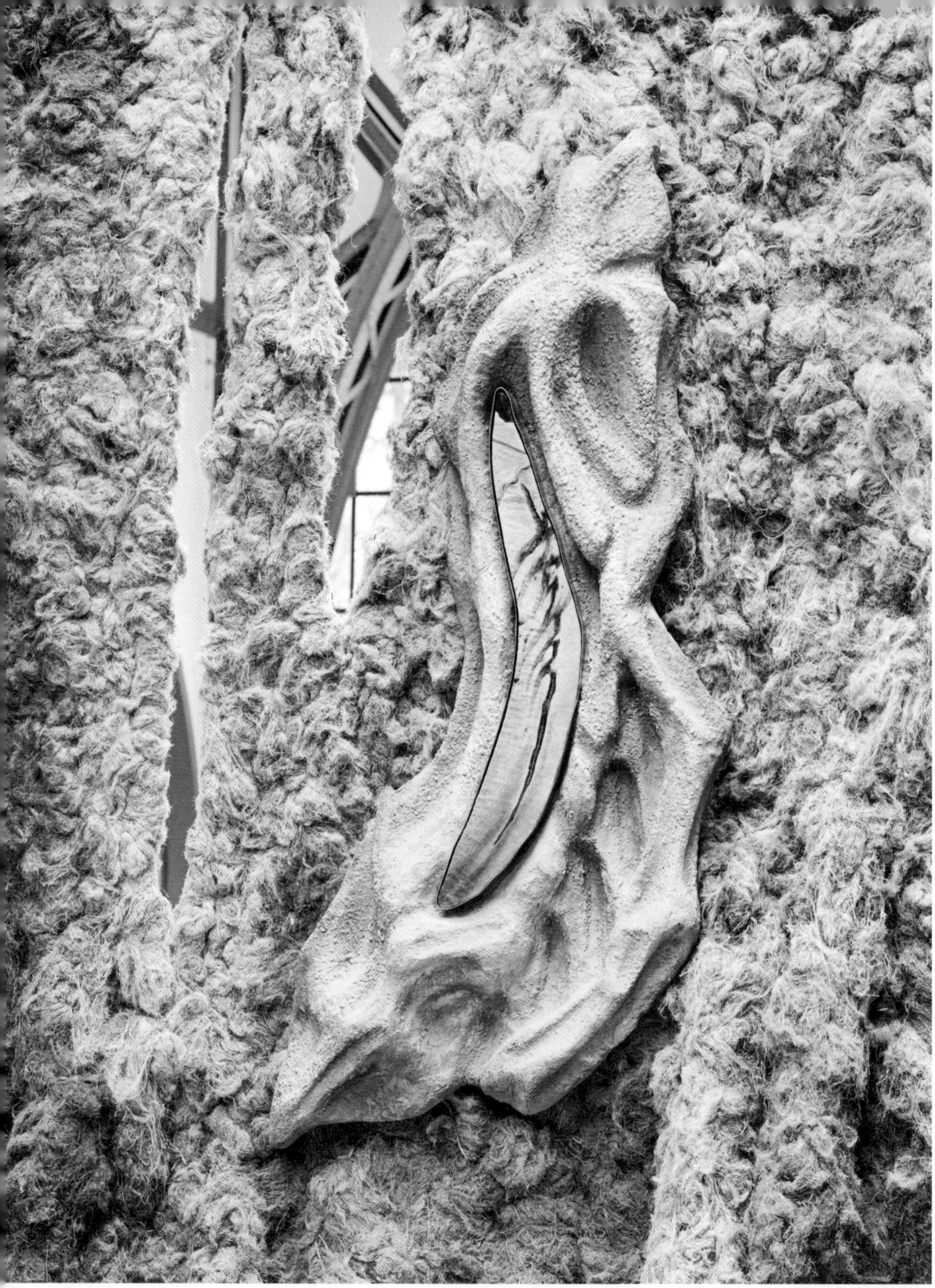

Klára Hosnedlová. embrace, Ausstellungsansicht / exhibition view
Hamburger Bahnhof – Nationalgalerie der Gegenwart, Berlin, 2025

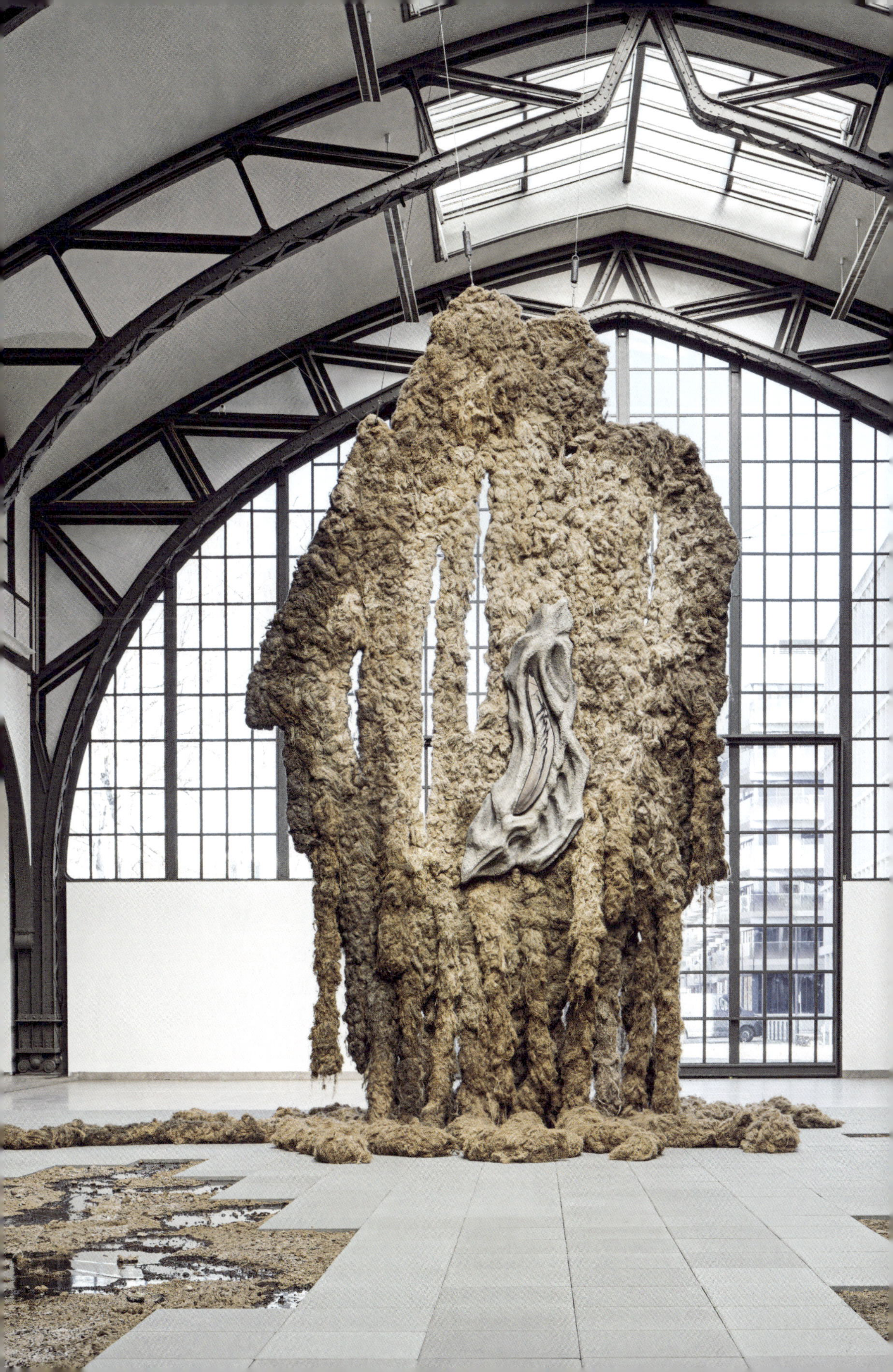

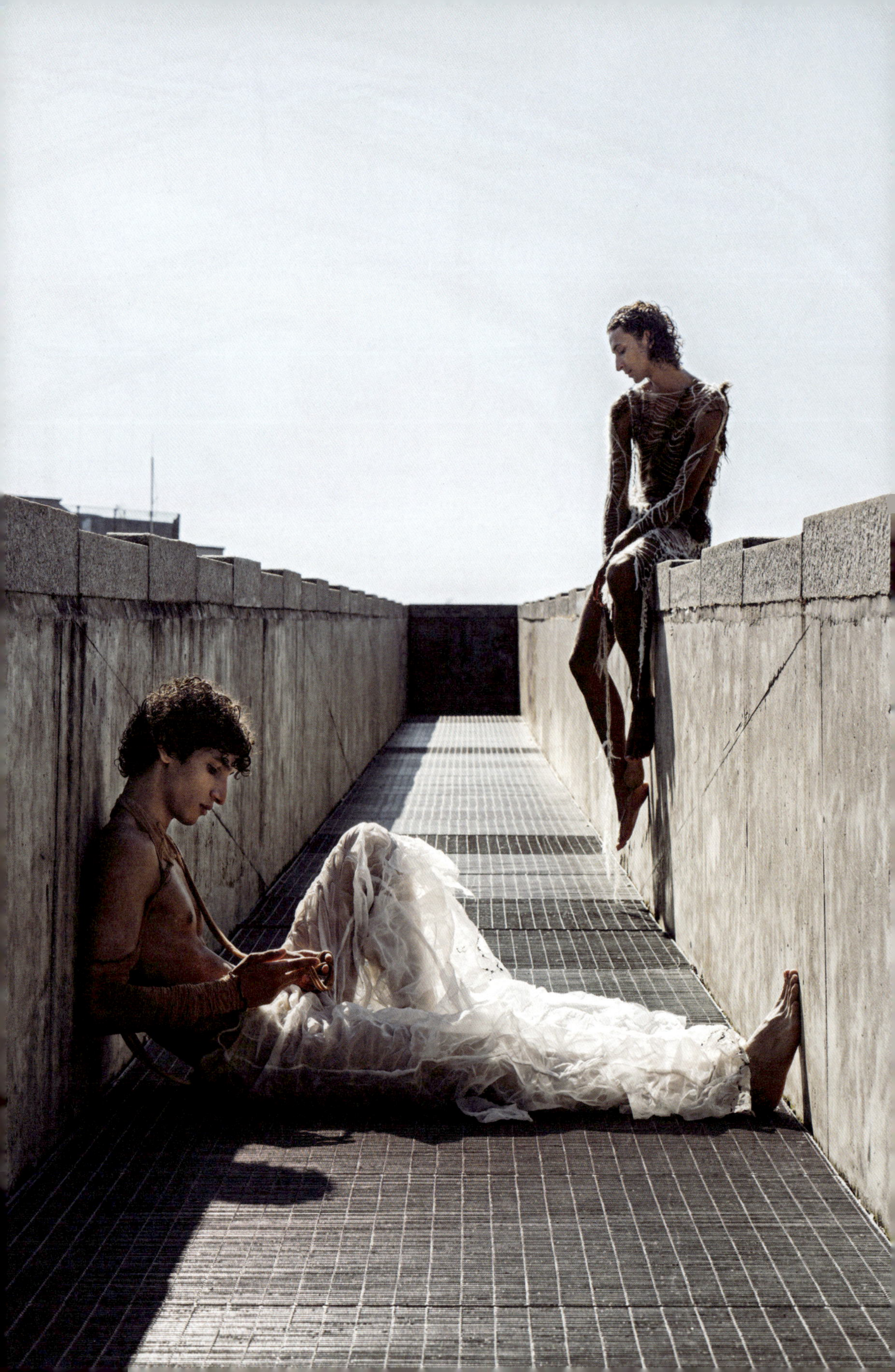

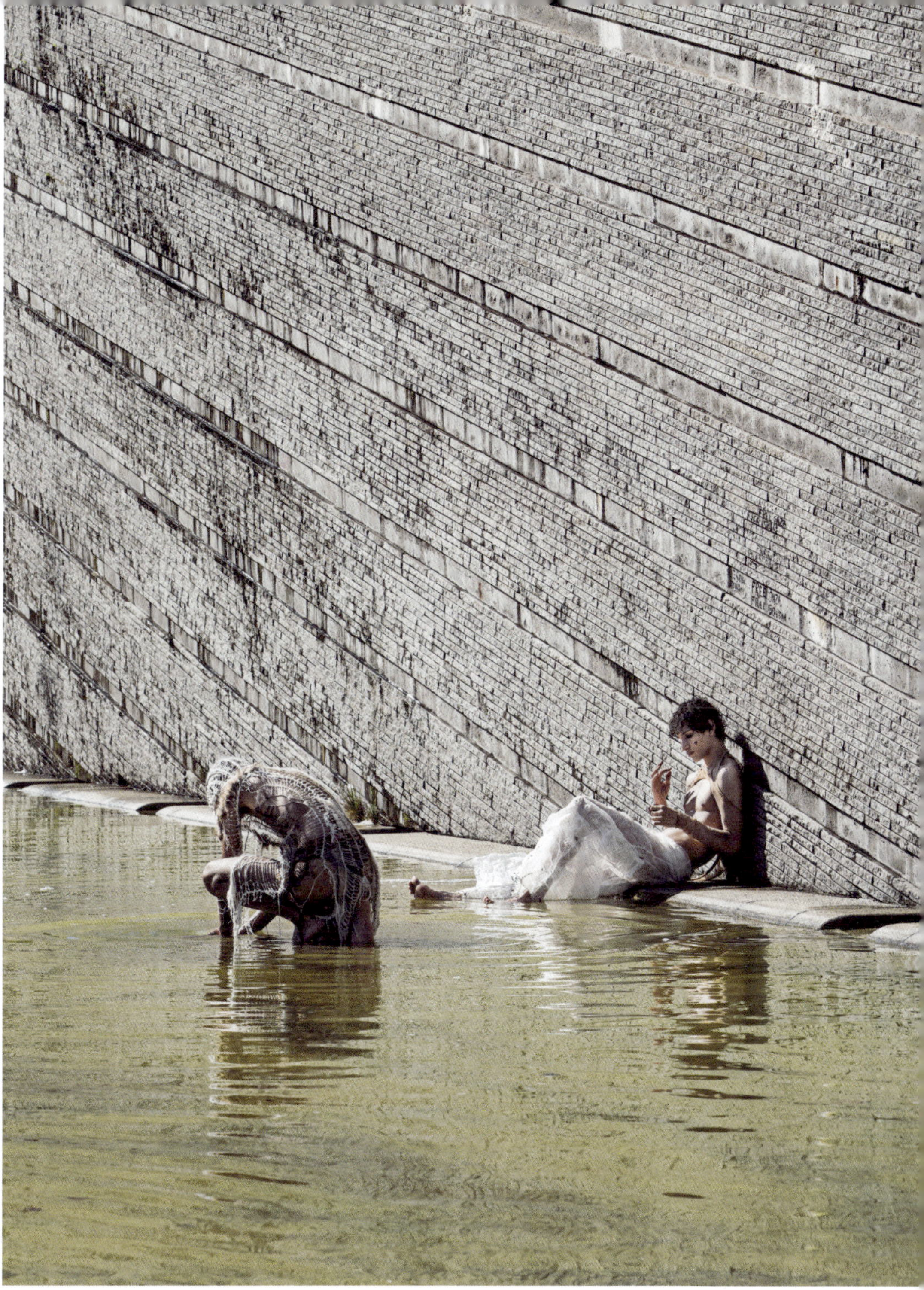

Klára Hosnedlová, *embrace*, Performance,
Invalidenpark, Berlin, 2024

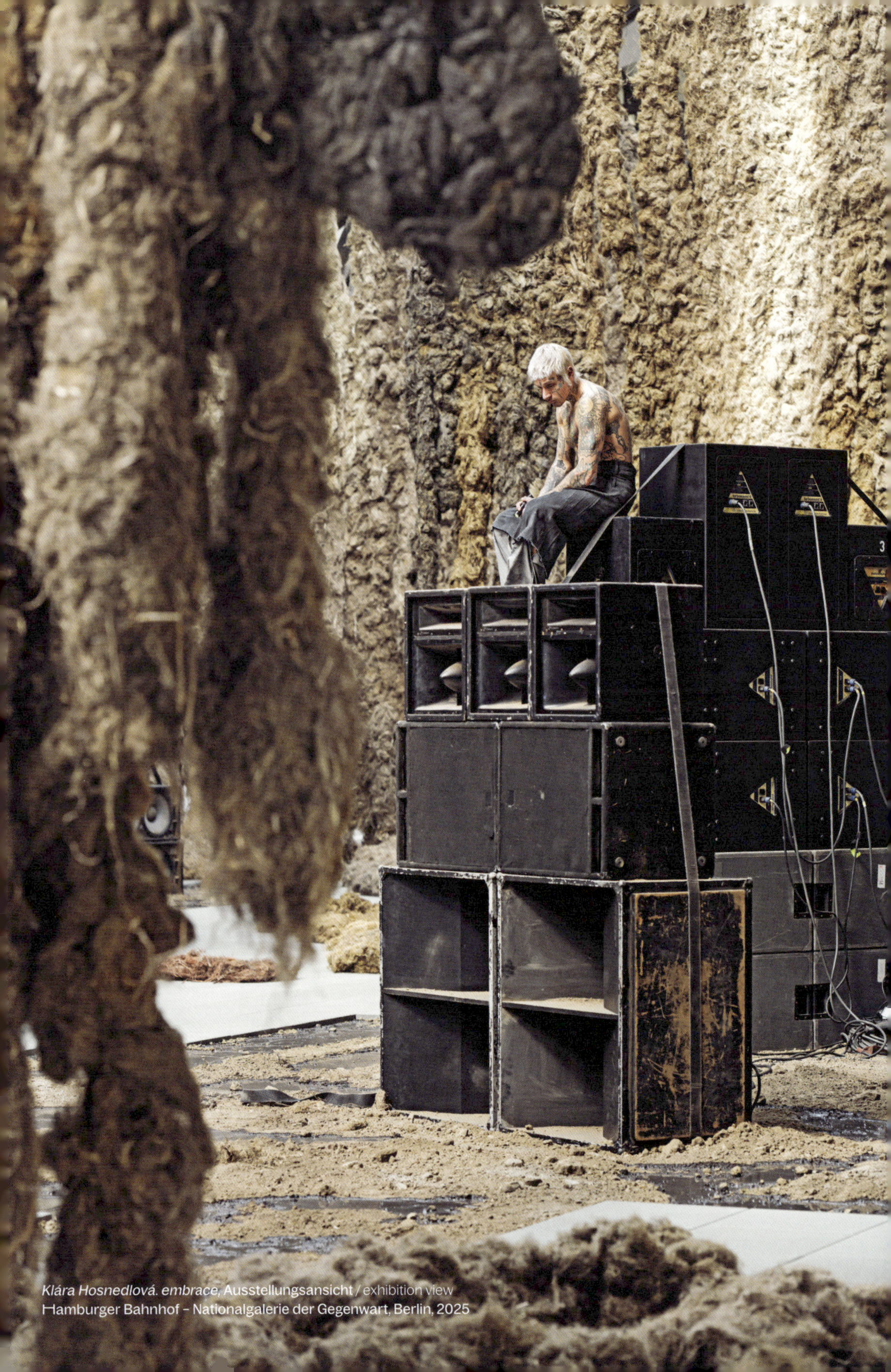

Klára Hosnedlová. embrace, Ausstellungsansicht / exhibition view
Hamburger Bahnhof – Nationalgalerie der Gegenwart, Berlin, 2025

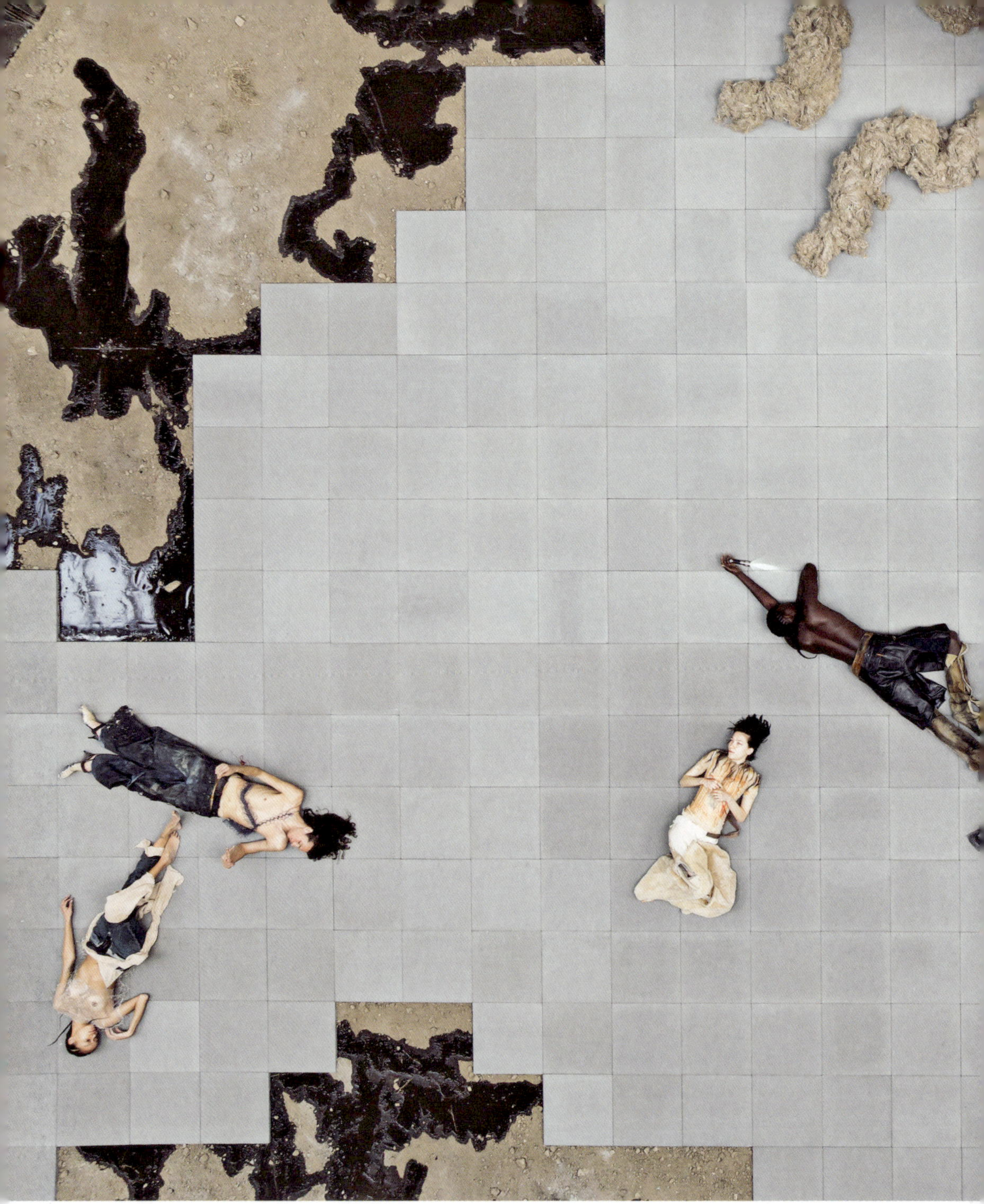

Klára Hosnedlová. embrace, Ausstellungsansicht / exhibition view
Hamburger Bahnhof – Nationalgalerie der Gegenwart, Berlin, 2025

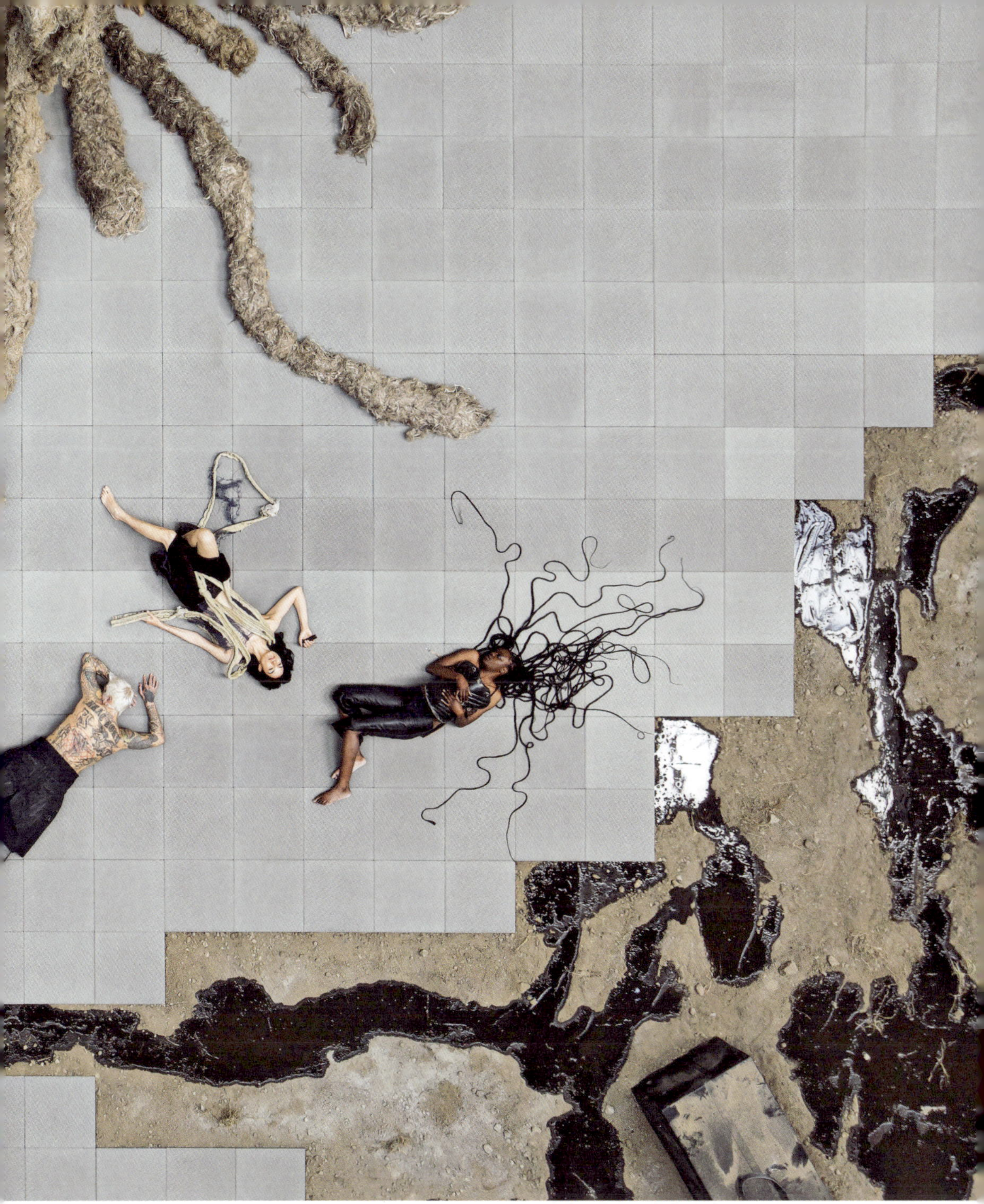

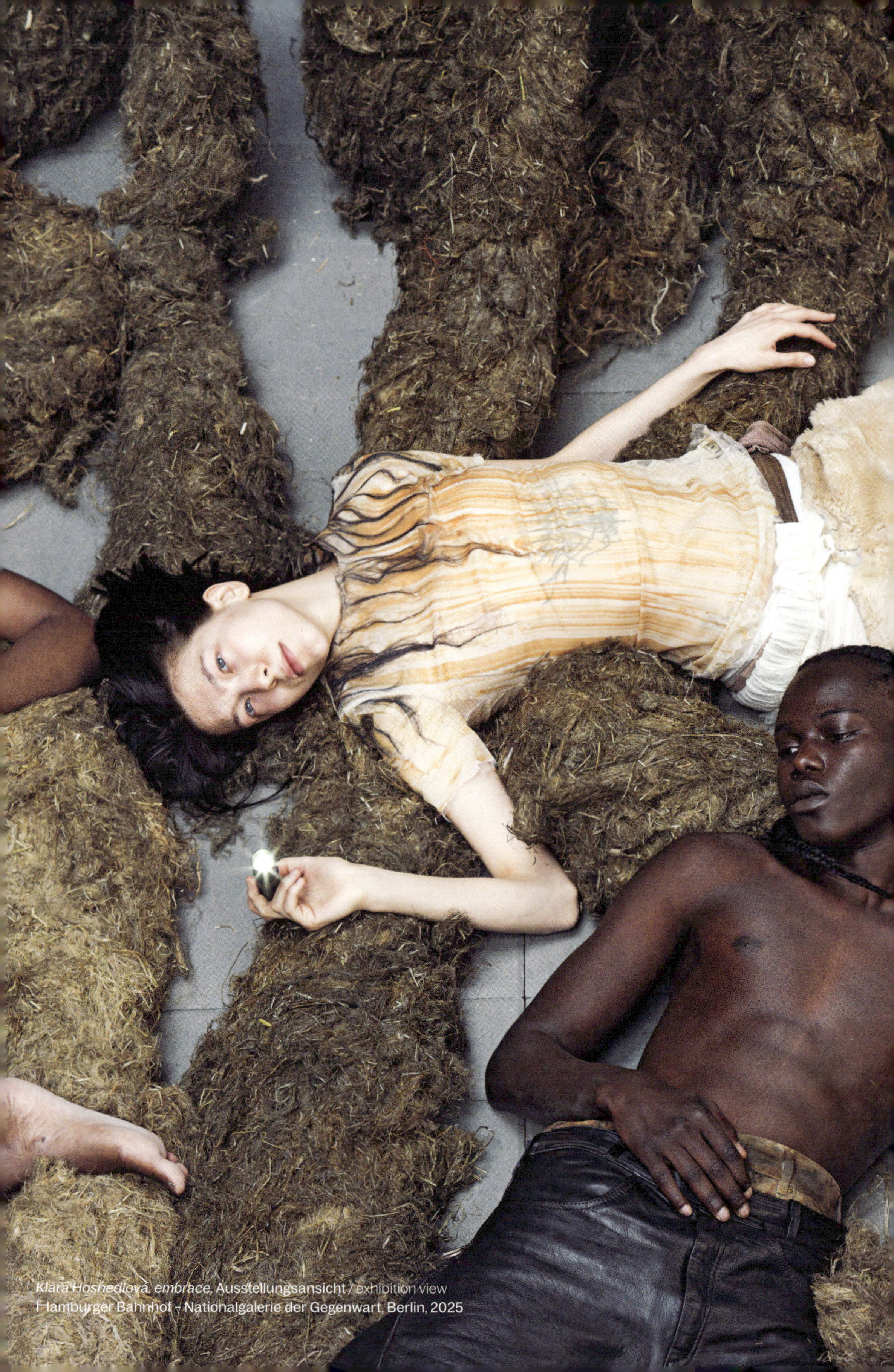

Klára Hosnedlová, embrace, Ausstellungsansicht / exhibition view
Hamburger Bahnhof – Nationalgalerie der Gegenwart, Berlin, 2025

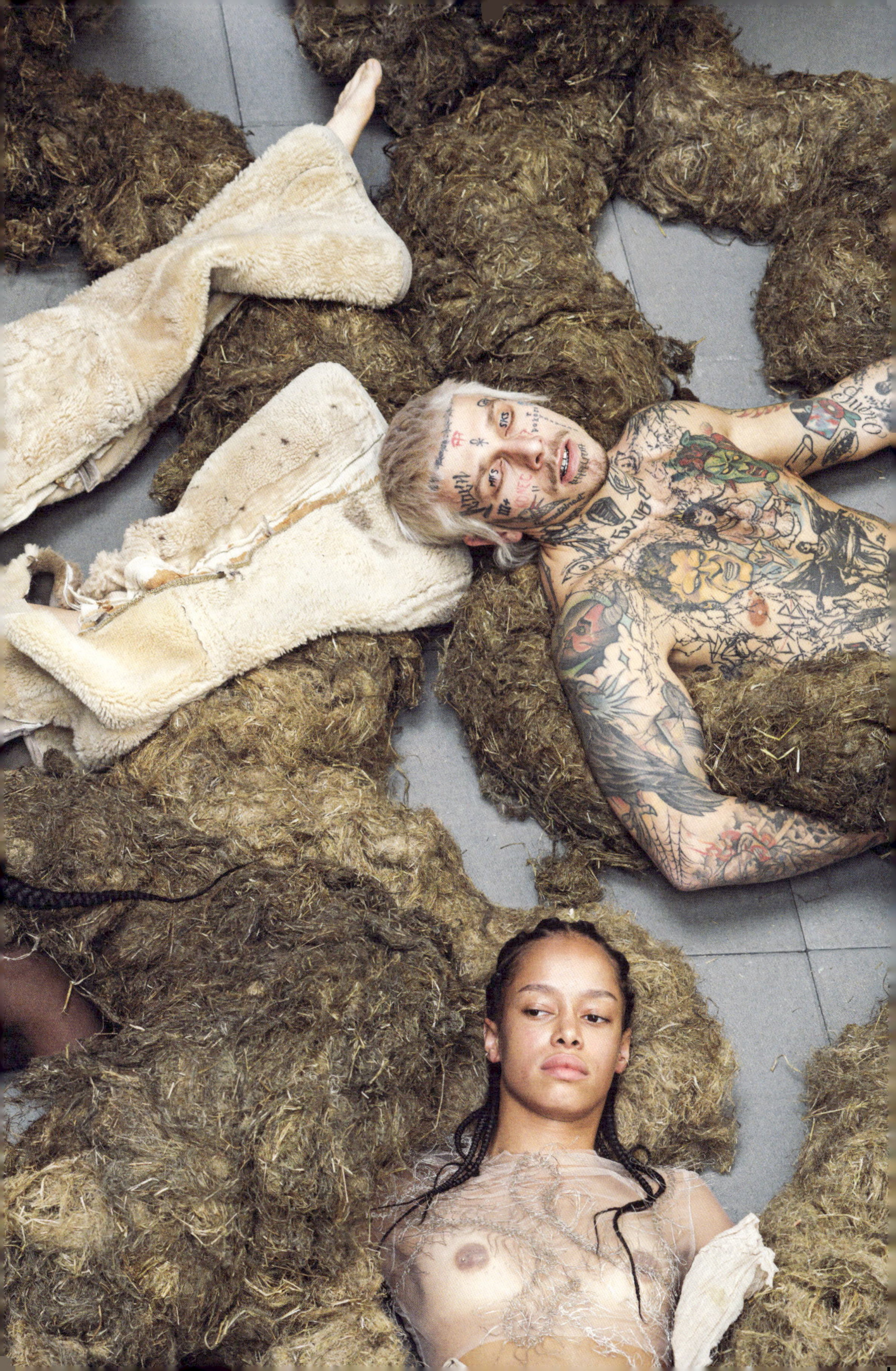

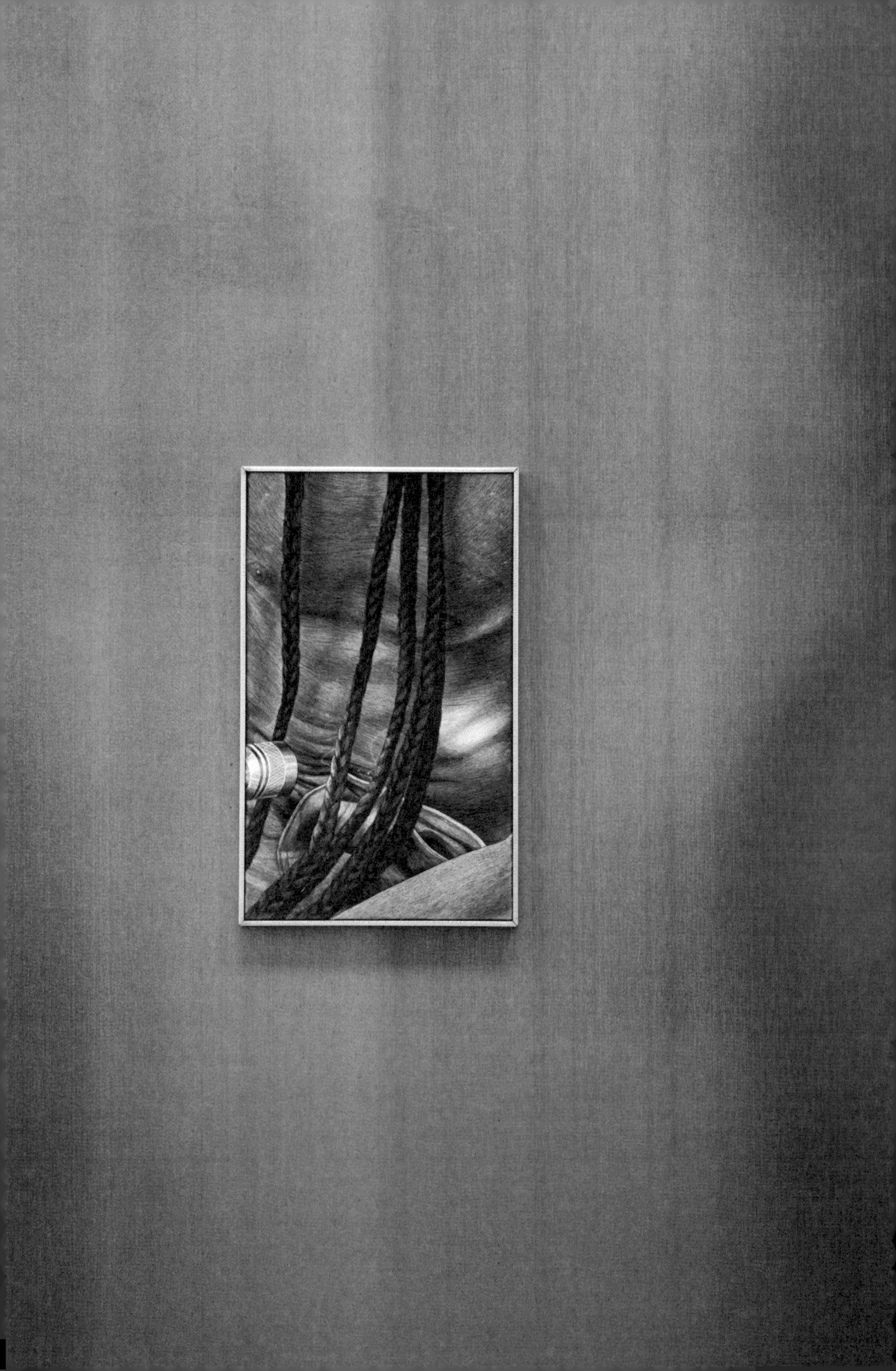

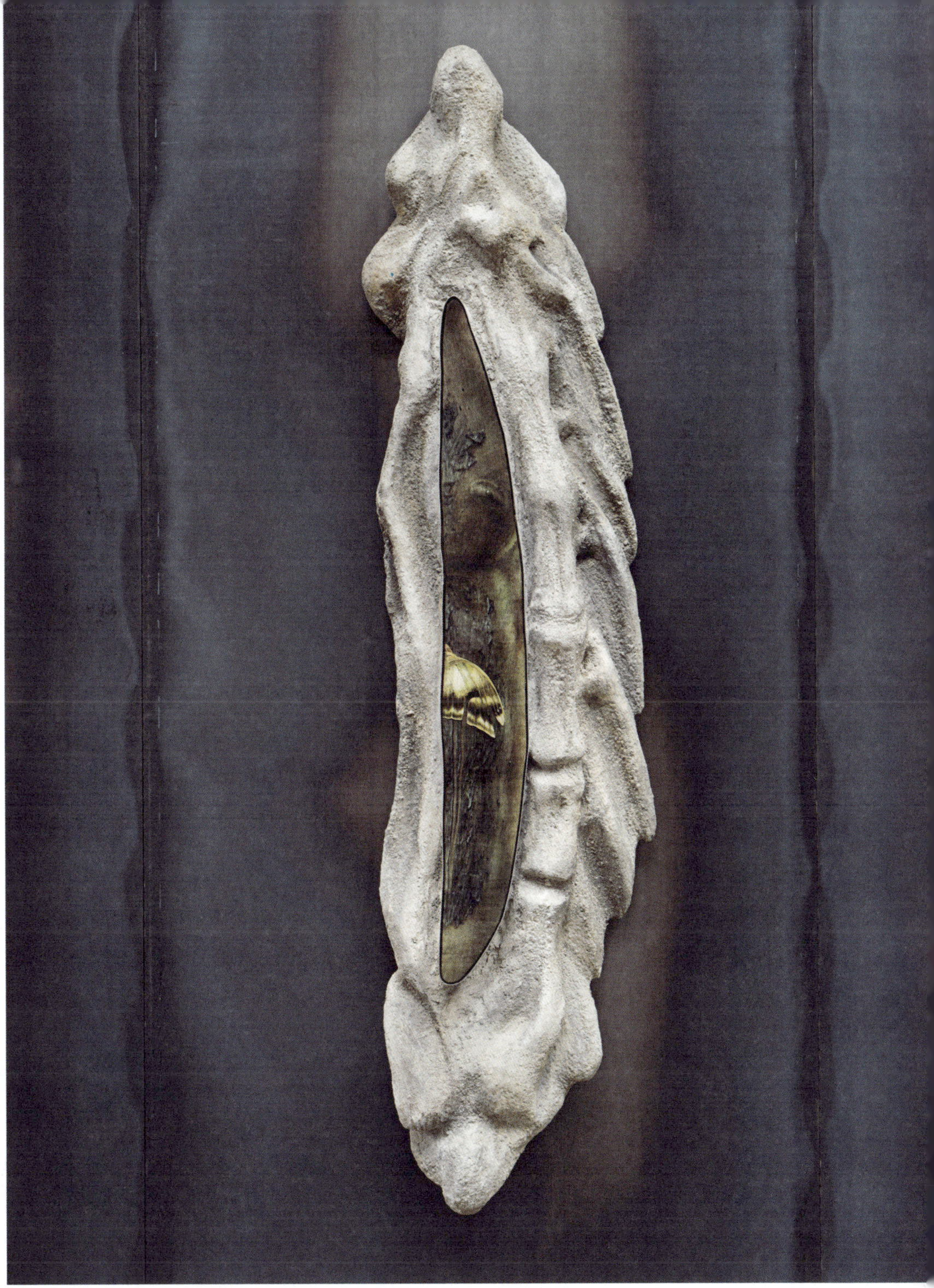

Klára Hosnedlová. embrace, Ausstellungsansicht / exhibition view
Hamburger Bahnhof – Nationalgalerie der Gegenwart, Berlin, 2025

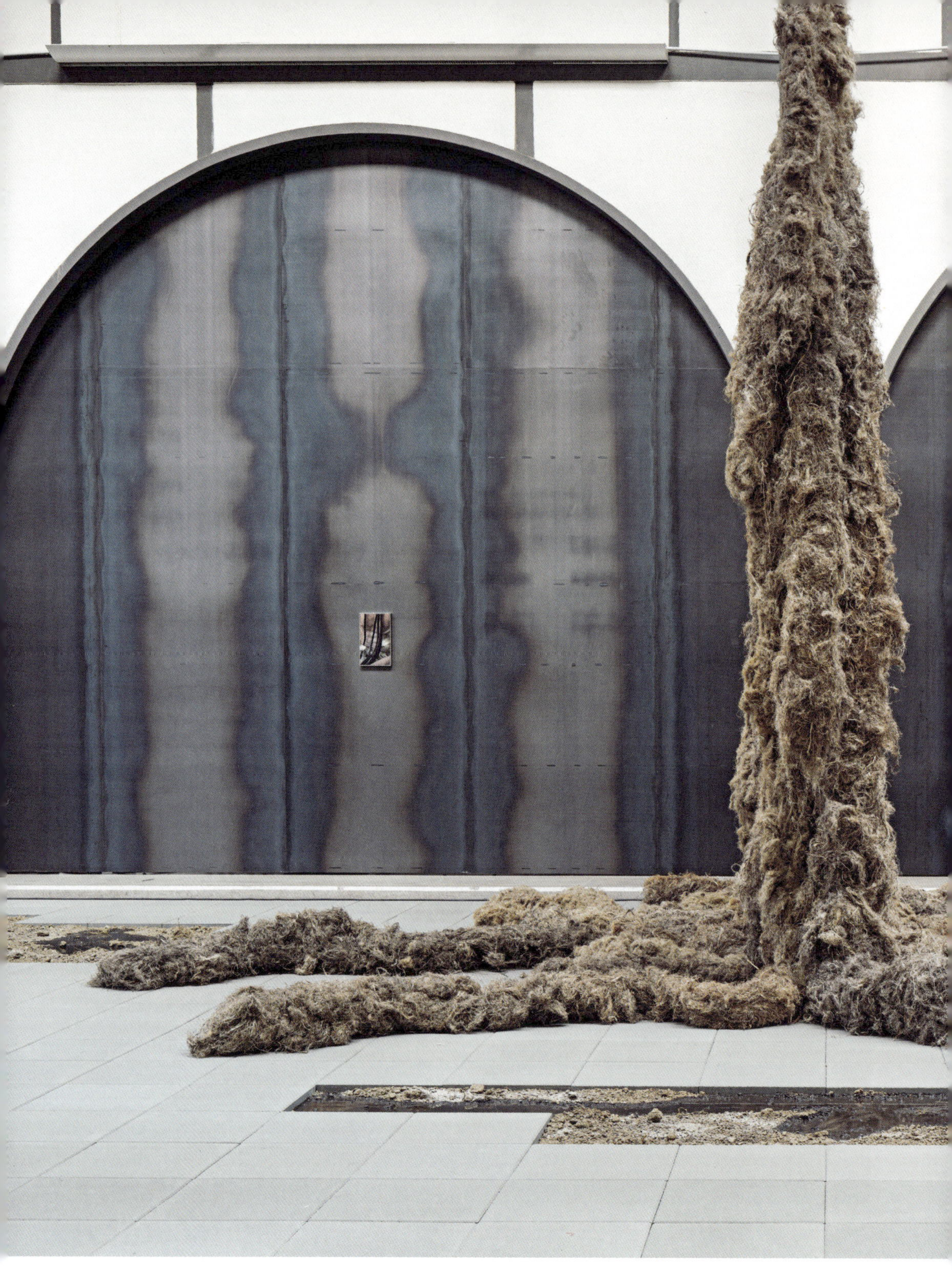

Klára Hosnedlová. embrace, Ausstellungsansicht / exhibition view
Hamburger Bahnhof – Nationalgalerie der Gegenwart, Berlin, 2025

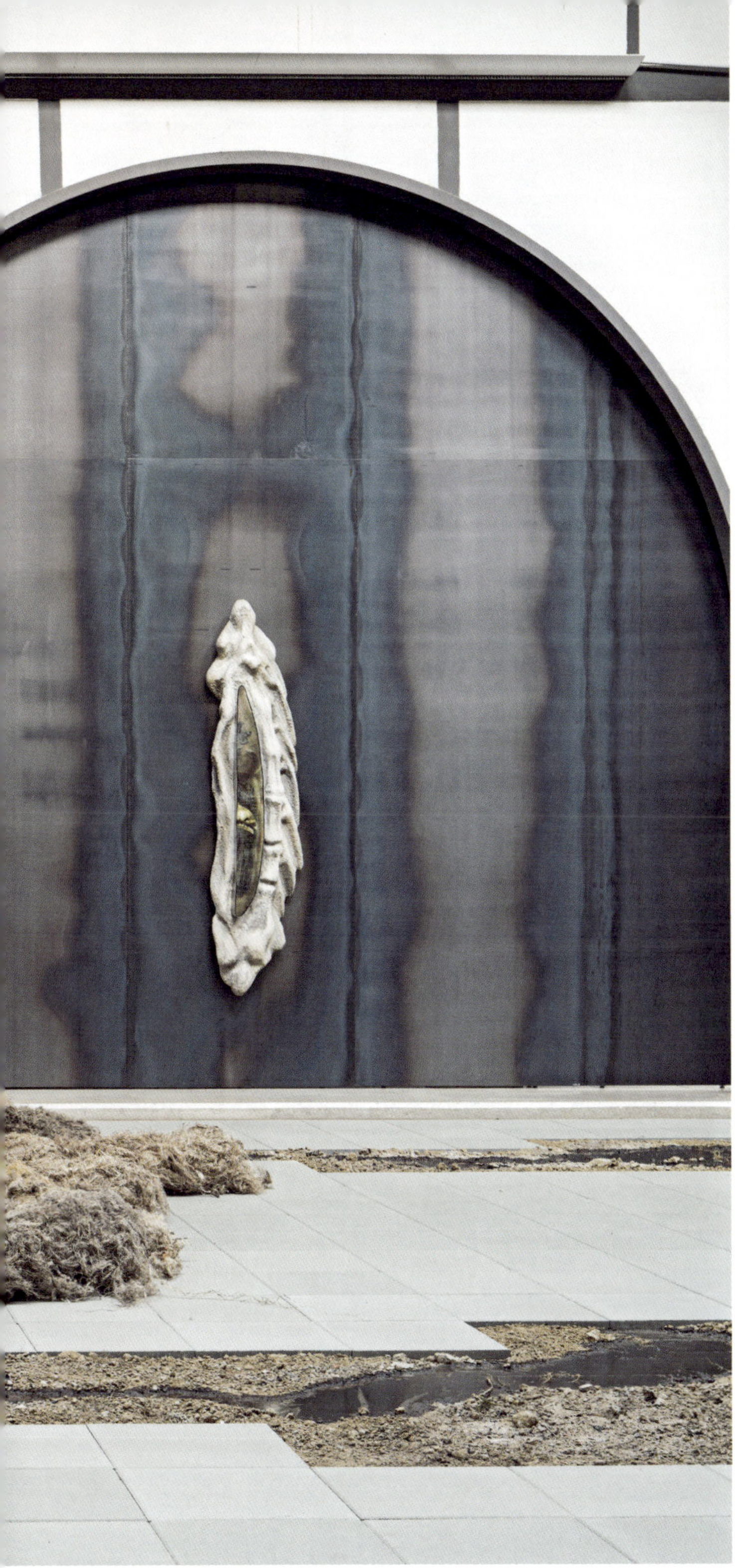

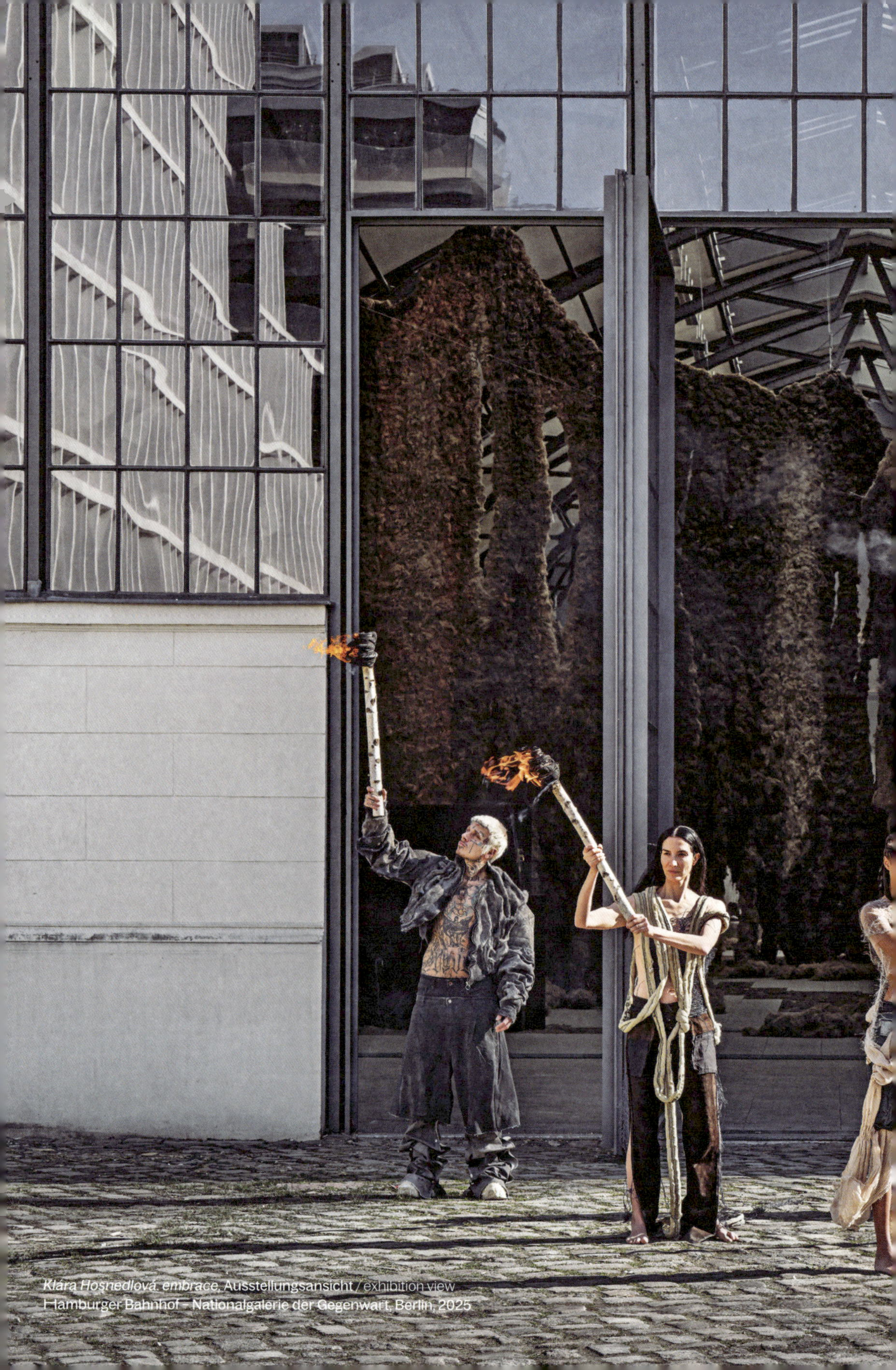

Klára Hosnedlová, embrace, Ausstellungsansicht / exhibition view
Hamburger Bahnhof – Nationalgalerie der Gegenwart, Berlin, 2025

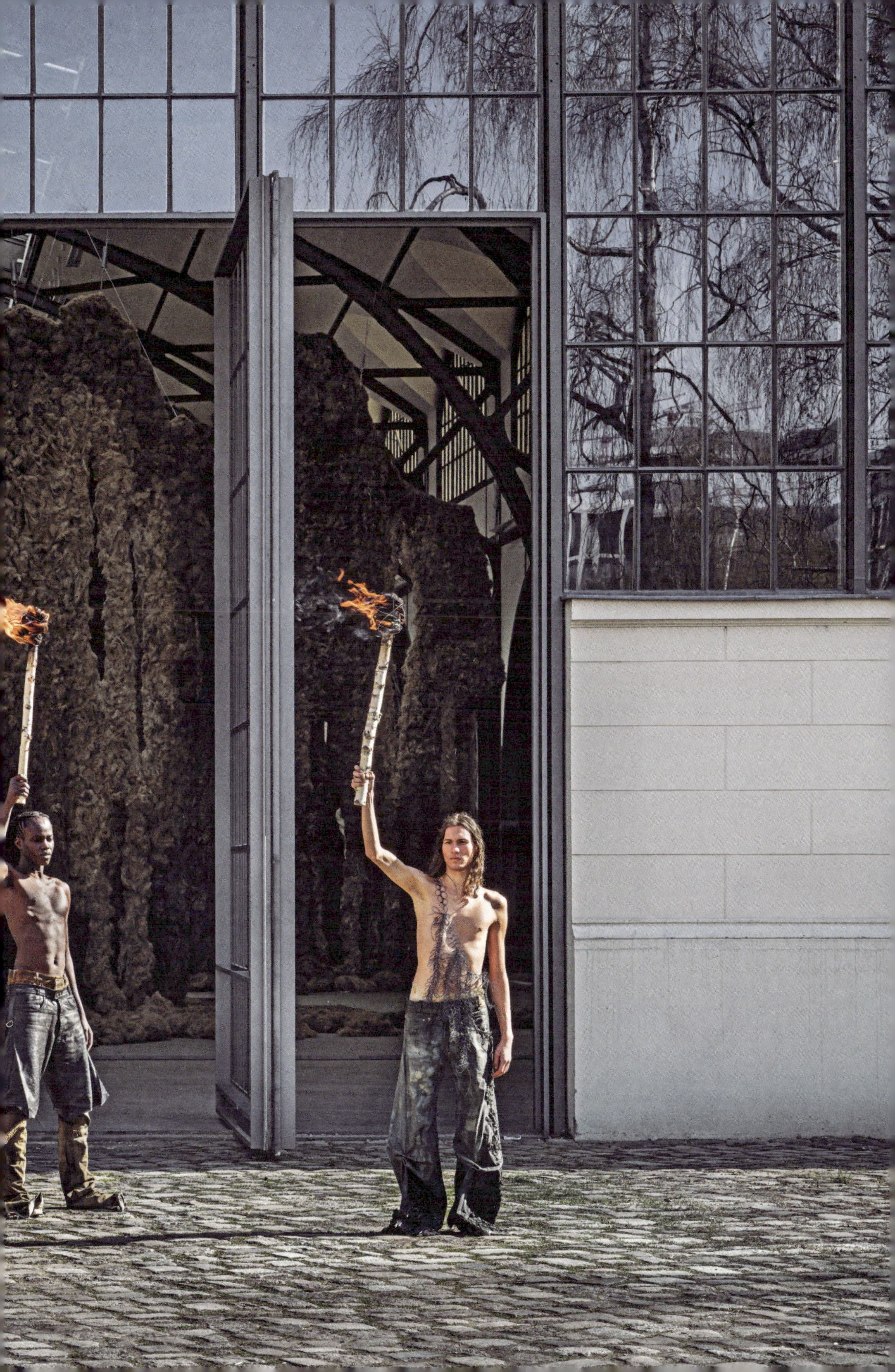

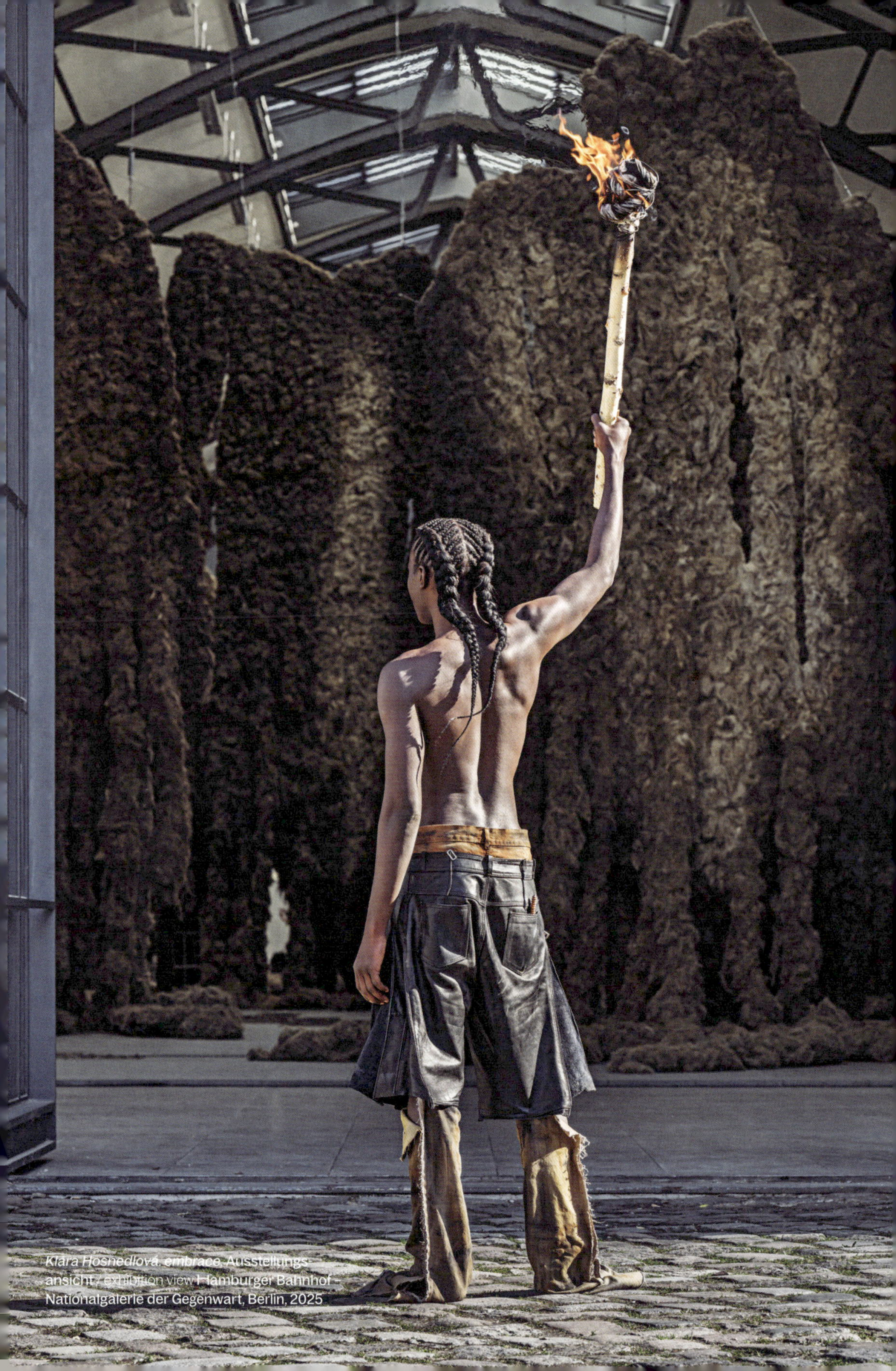

Klára Hosnedlová, embrace, Ausstellungsansicht / exhibition view Hamburger Bahnhof – Nationalgalerie der Gegenwart, Berlin, 2025

Klára Hosnedlová

Geboren / Born **in Uherské Hradiště, CZ (damals** / then **ČR), 1990**
Lebt und arbeitet / Lives and works **in Berlin, DE**

Ausbildung / Education

Seit / *Since* **2016**
Phd, Fakultät für Bildende Kunst / Faculty of Fine Arts, **Vysoké učení technické v Brně, Brünn** / Brno, **CZ**

2009–2015
Bildende Kunst / **Fine Arts, Akademie výtvarných umění v Praze, Prag** / Prague, **CZ**

2012
Australian National University, Canberra, AU

Ausgewählte Einzelausstellungen / Selected Solo Exhibitions

2025
Klará Hosnedlová: embrace.
Hamburger Bahnhof – Nationalgalerie der Gegenwart, Berlin, DE; Katalog / catalogue

2024
Klará Hosnedlová: GROWTH.
Kunsthalle Basel, Basel, CH

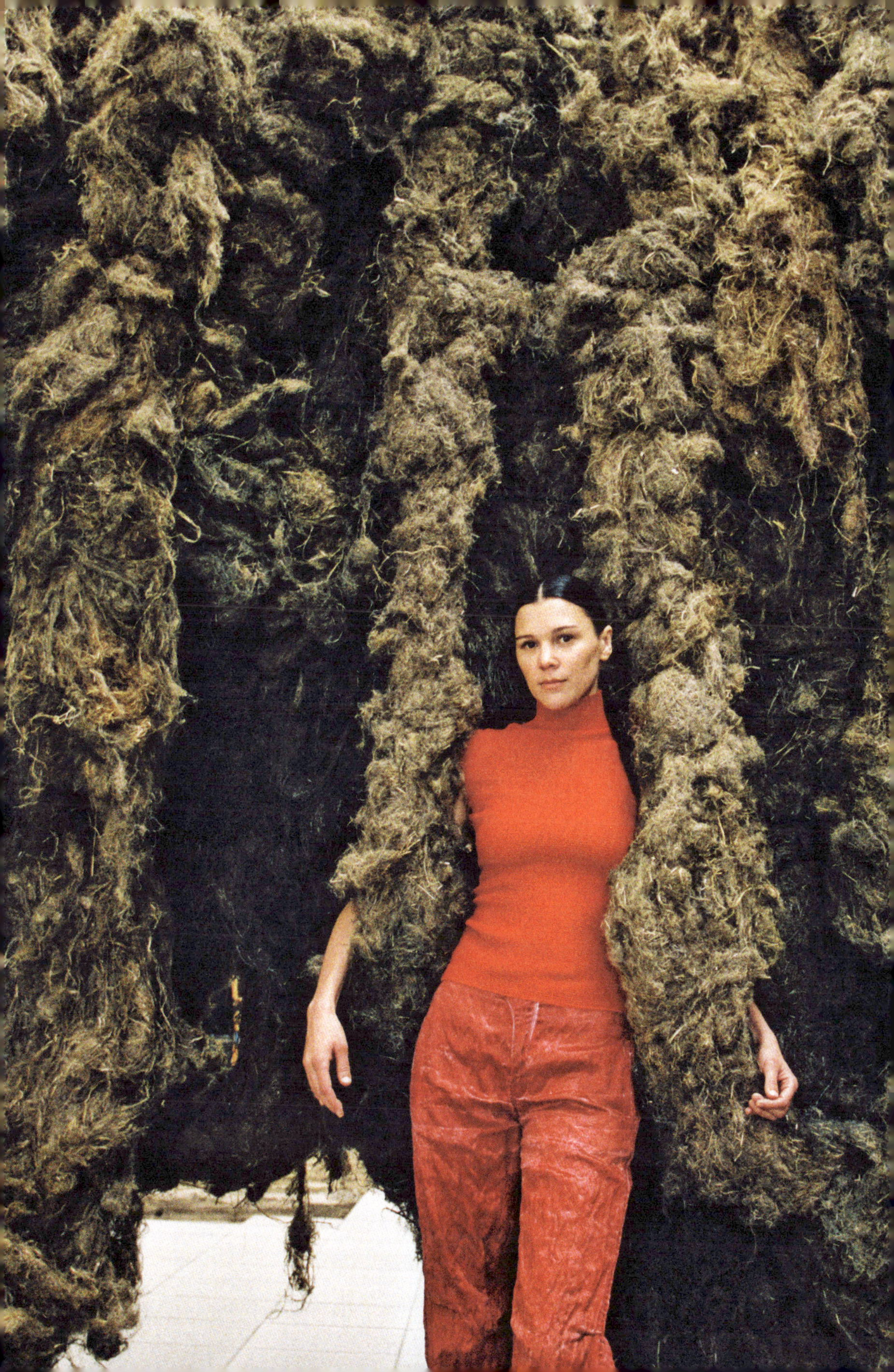

2023
Klará Hosnedlová: To Infinity. Kestner Gesellschaft, Hannover / Hanover, DE

2019
Seated Woman. Karlin Studios, Prag / Prague, CZ

2018
Ponytail Parlour, Národní divadlo, Prag / Prague, CZ
Studio Oléne, PLATO City Gallery of Contemporary Art, Ostrava, CZ
The Inhabitant. Mit / With Nona Inescu, Polansky Gallery, Prag / Prague, CZ

2017
Soap – Special Feature. Art Viewer (online)
Girls want to Learn. Vila Tugendhat, Brünn / Brno, CZ
Yellow Morning Waistcoat. Knize, Wien / Vienna, AT

2016
Red Riding Hood. Mit / With Igor Hosnedl, Gallery Jelení, Prag / Prague, CZ (weitere Station / travelled to: Horizont Galéria, Budapest, HU)

2014
Baby Alone in Babylon. Galerie hlavního města Prahy, Prag / Prague, CZ

2012
Black Light. University of New South Wales, Canberra, AU (weitere Station / travelled to: Galerie NoD, Prag / Prague, CZ)

Ausgewählte Gruppenausstellungen / Selected Group Exhibitions

2024
ECCENTRIC: Ästhetik der Freiheit / Aesthetics of freedom. Pinakothek der Moderne, München / Munich, DE
HARD/SOFT: Textil und Keramik in der zeitgenössischen Kunst / Textiles and Ceramics in Contemporary Art. Museum für angewandte Kunst, Wien / Vienna, AT

2023
I've Only Got Eyes for You. Philara Collection, Düsseldorf, DE

2022
Manifesto of Fragility. Biennale de Lyon, Lyon, FR; Katalog / catalogue
Sammlung Boros #4. Boros Collection, Berlin, DE; Katalog / catalogue
The Kick Inside. X Museum, Peking / Beijing, CN

2021
The Endless Frontier. Baltic Triennial, Vilnius, LT; Katalog / catalogue
The Dreamers. Belgrade Biennale, Belgrad / Belgrade, RS; Katalog / catalogue
ECLIPSE. Athens Biennale, Athen / Athens, GR; Katalog / catalogue

2020
THE STUDIO. Boros Foundation x Berghain, Panoramabar, Berlin, DE

2019
Metamorphosis: Art in Europe Now. Fondation Cartier, Paris, FR

2018
01. PM/AM Gallery, London, GB
Pocta suknu: Textil v kontextu umění. 8smička, Humpolec, CZ; Katalog / catalogue

2017
Somebody is About to Enter.
Significant Other, Wien / Vienna, AT

2016
Red Riding Hood. Ponrepo, Prag / Prague, CZ

2015
Boys Don't Cry. Veletržní palác,
Národní galerie v Praze, Prag / Prague, CZ

2014
One of the Possibilities. Gallery NTK,
Prag / Prague, CZ

2013
Preisausstellung / Award exhibition,
Galerie kritiků, Prag / Prague, CZ

2012
Decoration. Galerie NoD, Prag / Prague, CZ
Contemporary Czech Painting. Gallery NTK,
Prag / Prague, CZ

Öffentliche Sammlungen / Public Collections

Boros Collection, Berlin, DE
Bundeskunstsammlung, Bonn, DE
Havrlant Art Collection, Prag / Prague, CZ
Fondazione Sandretto Re Rebaudengo,
Turin, IT
KAI 10 I Arthena Foundation, Düsseldorf, DE
Kistefos Museum, Jevnaker, NO
Pinault Collection, Paris, FR
Sammlung Philara, Düsseldorf, DE
X Museum, Peking / Beijing, CN

Impressum / Imprint

Diese Publikation erscheint anlässlich der Ausstellung / Published on the occasion of the exhibition
Klára Hosnedlová. embrace
1. Mai – 26. Oktober 2025 / 1 May – 26 October 2025
im / at **Hamburger Bahnhof – Nationalgalerie der Gegenwart, Staatliche Museen zu Berlin**
Direktoren / Directors: **Sam Bardaouil & Till Fellrath**
smb.museum/hbf

Ausstellung / Exhibition

Kurator*innen / Curators:
Sam Bardaouil, Anna-Catharina Gebbers
Restauratorische Betreuung / Conservation:
Nicola Müller, Andrea Sartorius
Ausstellungskoordination / Exhibition Coordination:
Elena Montini, Sophie Schattner
Kommunikation / Communication:
Fiona Geuß, Anna Nike Sohrauer, Lorenz Dünges, Nada Hussein, Theo Lemaire
Kunstvermittlung / Mediation:
Claudia Ehgartner, Sonja Azizaj, Miriam Elisa Heidenreich
Sekretariat / Office:
Katrin Berendsen, Katherine Israel-Koedel
Sammlungsverwalter / Collection Management:
Jörg Lange, Thomas Seewald
Hauselektrik / Inhouse Electrics: **Garry Rogge**
Haustechnik / Maintenance:
Dirk Wagner, Stefan Gösche, Frank Wloka
Praktikantinnen / Interns:
Lisa Bockius, Linda Eriksson

Studiomanagement und Produktion / Studio Management and Production:
Caroline Krzyszton
Ausstellungsbau / Exhibition Construction:
Industriality, Sculpture Berlin, WNOOZOW
Art Handling: Kruse AT
Musikkomposition / Musical Composition:
Billy Bultheel
Frauenchor / Women's Choir: **Sbor Lada**
Männliche Stimme / Male Voice: **Yzomandias**
Bühnenbild (Lautsprecher) / Stage Design (Loudspeakers): **Matt Bianchi**
Tontechnik / Sound Technician: **Xavier Perrone**
Kostüm / Costumes: **Emily Fuhrmann**
Perfomer*innen / Performers:
Tomorrow is Another Day (Bilal B, Lou, Patricia, Rosalia, Vanda), Ruth Ikondo, Tahir Ndiaye, Inti Wang, Yzomandias
Fotodokumentation / Photo Documentation:
Zdeněk Porcal – Studio Flusser
Videodokumentation / Video Documentation:
Kryštof Hlůže
Ausstellungsgrafik / Exhibition Graphics: **Eps51**
Produktion Ausstellungsgrafik / Production of Exhibition Graphics: **Annette Herwegh**

Publikation / Catalogue

Für die / For the **Nationalgalerie – Staatliche Museen zu Berlin**
herausgegeben von / edited by
Sam Bardaouil & Till Fellrath
Autor*innen / Authors:
Anna-Catharina Gebbers, Klára Hosnedlová, Ursula Ströbele
Redaktion / Editing: **Lisa Hörstmann**
Übersetzungen / Translations:
Tim Beeby & Sabine Bürger, Jacqueline Todd

Visuelles Konzept und Design / Visual Concept and Design: **Eps51**
Druck und Bindung / Printing and Binding:
Tipostampa, Moncalieri
Papier / Paper: **Fedrigoni Arena White Rough**
Schriften / Fonts: **HB Bagoss (Displaay)**

Cover:
Klára Hosnedlová. embrace, **Ausstellungsansicht** / exhibition view **Hamburger Bahnhof – Nationalgalerie der Gegenwart, Berlin, 2025**

Erschienen bei / Published by
Silvana Editoriale S.p.A., Cinisello Balsamo
www.silvanaeditoriale.it

Silvana Editoriale

Hauptgeschäftsführung / Chief Executive:
Michele Pizzi
Verlagsleitung / Editorial Director: **Sergio Di Stefano**
Art Director: Giacomo Merli
Redaktionskoordination / Editorial Coordinator:
Maria Chiara Tulli
Korrektorat / Copy Editor: **Cristina Pradella**
Produktionskoordination / Production Coordinator:
Antonio Micelli
Redaktionsassistenz / Editorial Assistant:
Giulia Mercanti
Bildredaktion / Photo Editor: **Silvia Sala**
Pressestelle / Press Office: **Lidia Masolini**

Die Deutsche Nationalbibliothek verzeichnet diese Publikation in der Deutschen Nationalbibliografie; detaillierte bibliografische Daten sind im Internet über http://dnb.dnb.de abrufbar. /
The German National Library lists this publication in the German National Bibliography. Detailed bibliographic data are available at http://dnb.dnb.de.

Printed in the EU
ISBN: 978 88 366 6079 7

FSC www.fsc.org
MISTO
Carta | A sostegno della gestione forestale responsabile
FSC® C173858

Abbildungs-verzeichnis / Photo Credits

Für alle abgebildeten Werke von /
For all reproduced works by
Klára Hosnedlová:
© Klára Hosnedlová, 2025

Foto / Photo **Cover, S.** / pp. **2, 3, 20, 21, 34–45, 66–69, 73–77, 80, 81, 84–96: © Zdeněk Porcal – Studio Flusser. Courtesy of the artist, Kraupa-Tuskany Zeidler and White Cube**
Foto S. / Photo pp. **14, 15, 22, 70–72, 78, 79, 82, 83: © Zdeněk Porcal – Studio Flusser. Courtesy of the artist and White Cube**
Foto S. / Photo pp. **28, 29: © Zdeněk Porcal – Studio Flusser. Courtesy of the artist**
Foto S. / Photo pp. **60, 61: © Klára Fleková**
Foto S. / Photo p. **99: © Vitali Gelwich**

Dank / Acknowledgements

Die Ausstellung wird gefördert von /
The exhibition is supported by:
CHANEL Culture Fund
Hamburger Bahnhof
International Companions e.V.

CHANEL
CULTURE FUND

Der Hamburger Bahnhof dankt für die enge Zusammenarbeit mit dem Studio Klára Hosnedlová, Kraupa-Tuskany Zeidler und White Cube. /
Hamburger Bahnhof would like to thank Studio Klára Hosnedlová, Kraupa-Tuskany Zeidler and White Cube for their close collaboration.

Die Publikation wurde ermöglicht durch /
The publication was made possible by:
Hamburger Bahnhof
International Companions e.V.

Hamburger
Bahnhof
International
Companions e.V.

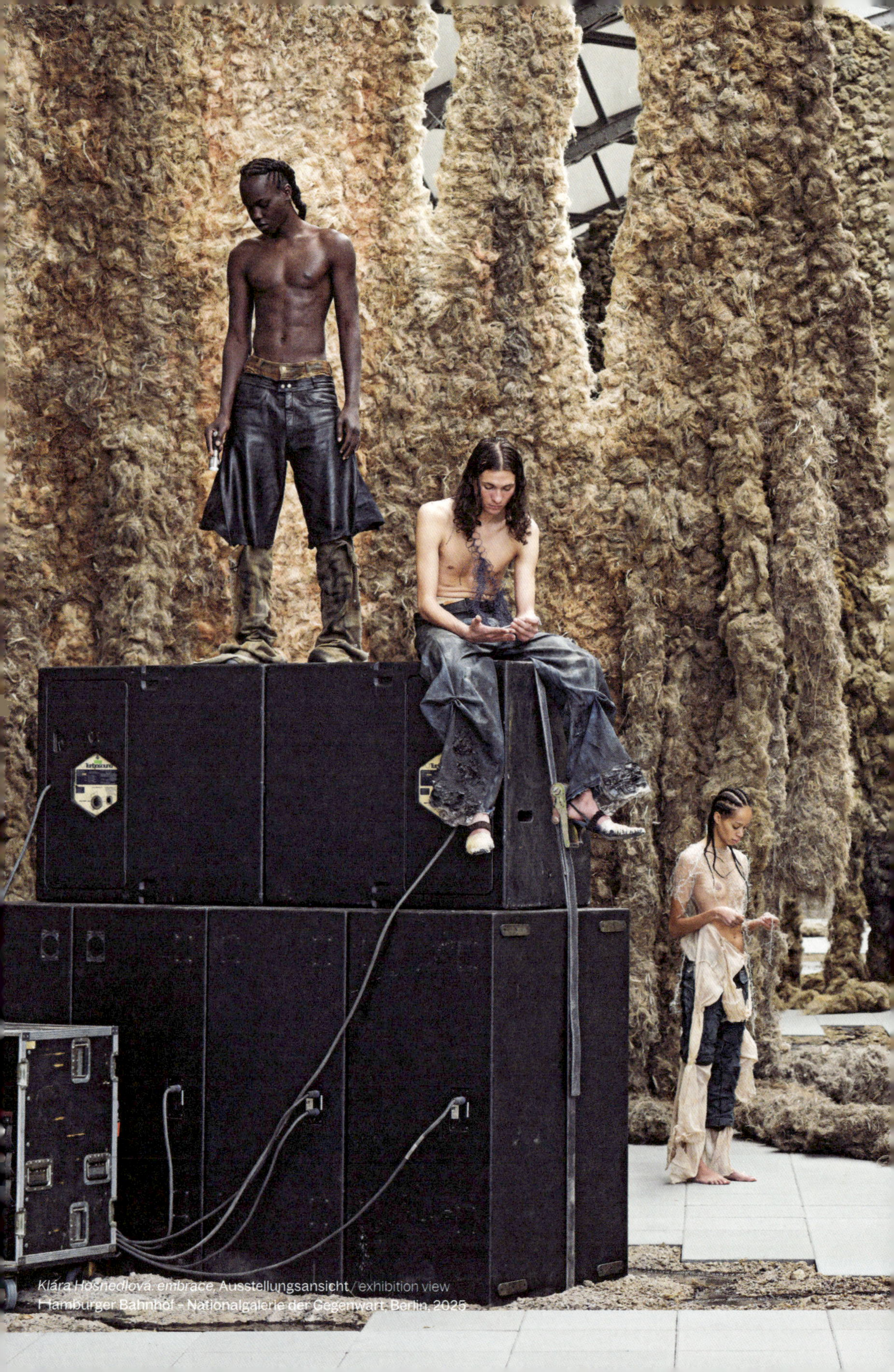

Klára Hosnedlová: embrace, Ausstellungsansicht / exhibition view
Hamburger Bahnhof – Nationalgalerie der Gegenwart, Berlin, 2025

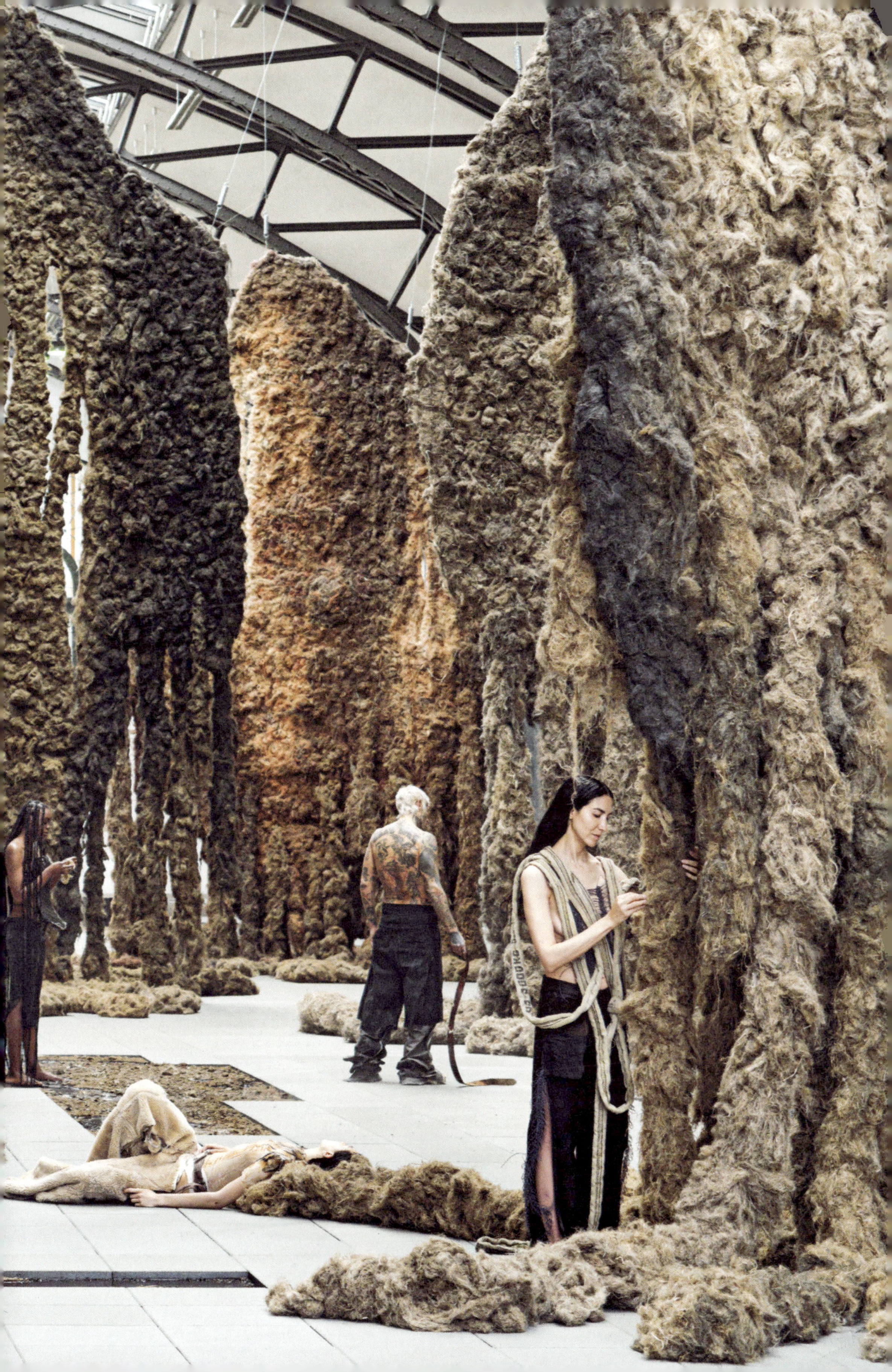